中国社会科学院大学专项资助成果

满语文系列教材

朝克　主编

满语研究

朝克　王敌非　乌日其木格　著

中国社会科学出版社

图书在版编目（CIP）数据

满语研究／朝克，王敌非，乌日其木格著. -- 北京：
中国社会科学出版社，2025. 1. --（满语文系列教材）.
ISBN 978-7-5227-4472-8

Ⅰ. H221

中国国家版本馆 CIP 数据核字第 2024A8D570 号

出 版 人	赵剑英	
责任编辑	单　钊　李嘉荣	
责任校对	韩天炜	
责任印制	李寡寡	

出　　版	中国社会科学出版社	
社　　址	北京鼓楼西大街甲 158 号	
邮　　编	100720	
网　　址	http://www.csspw.cn	
发 行 部	010-84083685	
门 市 部	010-84029450	
经　　销	新华书店及其他书店	

印　　刷	北京明恒达印务有限公司	
装　　订	廊坊市广阳区广增装订厂	
版　　次	2025 年 1 月第 1 版	
印　　次	2025 年 1 月第 1 次印刷	

开　　本	710×1000　1/16	
印　　张	15.5	
字　　数	230 千字	
定　　价	69.00 元	

前　言

　　清代满族使用过各种满语教材。这些教材对满语满文使用曾发挥过积极推动作用，也留下数量庞大的满文历史文献和档案资料。中华人民共和国成立后，为了抢救保护已进入严重濒危状态的满语和满文，以及更好地挖掘整理满文历史文献资料，从国家层面组织从事满学的专家学者，以清代编辑印刷的教材为基础编写出版了一批满语文教材，包括《满语读本》《满语语法》《自学速成满语基础讲义》《清代满语文启蒙教材合编〈满语入门〉》《满语入门》《满文教程》《满文教材》《满文讲义》《满语研究通论》等。与此同时，还培养了一批搜集整理、翻译解读、分析研究满文历史文献、档案资料、语言文化的中青年学者。此外，还组织一批老中青相结合的田野调研团队，到满族较为集中生活的偏远乡村，对那里的满语使用现象、满语文教学情况、满语文教学中使用的教材等开展全面调研，收集整理了相当数量且弥足珍贵的第一手资料。改革开放以后，这些调研资料及其研究成果在补充调研基础上陆续公开出版，其中就有《满族的历史与生活》《满族的历史与生活——三家子屯调查报告》《现代满语研究》《现代满语八百句》《满语语音研究》《北京土话中的满语》《满语口语研究》《满族话与北京话》《黑龙江现代满语研究》《满语研究》《满语口语资料》《三家子满语语音研究》《满语口语音典》等。这些成果中有的还作为现代满语文教材被使用，从而在满语文教学和学习方面发挥着重要作用。

　　这本《满语研究》是以清代满语教材和中华人民共和国成立后编

写出版的教材为基础而编写的研究成果，其中运用了过去教材中不少内容与例句。毋庸置疑，若没有前人辛勤劳动的丰硕成果，在满语严重濒危的今天很难完成这部教材。本书由满族满语满文及满学、满语的元音、满语的辅音和音节及其词重音、满语词汇及其分类、满语构词系统、满语名词类词复数形态变化语法现象、满语名词类词格形态变化语法现象、满语名词类词级形态变化语法现象、满语动词类词态形态变化语法现象、满语动词类词陈述式形态变化语法现象、满语动词类词命令式形态变化语法现象、满语动词类词祈愿式及假定式形态变化语法现象、满语动词类词形动词形态变化语法现象、满语副动词形态变化结构类型、满语助动词形态变化结构类型、满语句子词组结构类型、满语句子及其句子成分、满语陈述句结构类型、满语疑问句结构类型、满语祈使句和感叹句结构类型、满语简单句和复杂句二十一节课程内容构成。

（1）第一课概述清代以来满族满语满文及满学，重点讲解满语言文字成果及满语文教材的基本情况。

（2）第二、第三课讲解满语元音系统、辅音系统、音节结构和音节划分原则及其特征、词重音现象等。其中，着重讲授清代满语书面语元音系统中的单元音、复元音及元音和谐现象。对辅音系统的分析，主要涉及单辅音与叠辅音结构性特征和使用原理。

（3）第四、第五课分门别类地阐述了满语词汇中的名词、代词、数词、量词、形容词、动词、形动词、副动词、助动词、副词、连词、后置词、助词、语气词、感叹词、拟声拟态词、多义词、反义词、近义词、同义词、同音词、谐音词、借词等词类。同时，列举了具有代表性的实例。另外，还从自然现象和自然物名词、野生动物及昆虫名词、植物名词、亲属称谓及人称名词、人体名词、衣食住行和生活生产工具名词、社会文化及精神生活名词、方向名词、时间名词等角度对满语名词进行了列举说明。还对形态变化构词现象及使用关系比较复杂的形动词、副动词、助动词、副词、助词、语气词等做了全面分类和举例说明。分析构词系统时，论述了具有代表性的派生构词法和合成构词法。

（4）第六课至第八课分析的是满语名词类词的复数形态变化语法现象、格形态变化语法现象、级形态变化语法现象。在名词类词的复数形态变化语法现象中着重讨论了 -sa、-se 和 -ta、-te 及 -si、-ri 等复数形态变化语法词缀；格形态变化语法现象论述了主格、领格、宾格、位格、与格、从格、比格、方向格、造格、离格经格十一个格形态变化语法现象及其各具特色的形态变化语法词缀；级形态变化语法现象的内容涉及一般级、次低级、低级、最低级、次高级、高级、最高级七个层级的名词类词的级和不同级的构成原理和使用关系。

（5）第九课至第十五课主要包括满语动词类词态形态变化语法现象、陈述式形态变化语法现象、命令式形态变化语法现象、祈愿式形态变化语法现象、假定式形态变化语法现象、形动词形态变化语法现象、副动词形态变化结构类型、助动词形态变化结构类型等。满语动词类词态形态变化语法现象分成主动态、使动态、被动态、趋动态、续动态、互动态、共动态七种，对其各自具有的形态变化语法结构特征、相互关系、语法功能和作用展开了系统讨论；陈述式形态变化语法现象的部分分类为现在时、将来时、现在将来时、过去时，系统阐述了形态变化语法词缀的结构性特征及功能和作用；命令式形态变化语法现象划分为直接命令、间接命令和禁止性命令三种，分别展开了讨论；祈愿式和假定式形态变化语法现象，重点讲授了具有代表性的形态变化语法词缀结构系统和用法及语法作用；形动词形态变化语法现象探讨了现在时、现在将来时和过去时形动词；对副动词形态变化结构的分析从并列副动词、顺序副动词、条件副动词、连续副动词、终止副动词、极尽副动词、跟随副动词、假定副动词、未完成副动词角度，论述了它们的语法形态变化结构及其语法功能；助动词形态变化结构类型讲解了时态助动词、判断助动词、能愿助动词、肯定助动词、语气助动词、否定助动词、疑问助动词六种助动词及复杂多变的使用原理。

（6）第十六课至第二十一课重点讨论满语句子及句子中的词组结构类型、句子成分、陈述句结构类型、疑问句结构类型、祈使句结构类型、感叹句结构类型、满语简单句和复杂句等。其中，对满语词组结构类型的分析涉及主谓词组、联合词组、偏正词组、动宾词组、补谓词组、助动词组、能愿词组、数量词组、后置词组、同位词组、肯定词组、否定词组、疑问词组等内容；句子成分的部分涉及主语、谓语、宾语、定语、状语、补语、插入语和呼语及其句子里的不同层面、不同角度、不同成分的使用关系；陈述句结构类型、疑问句结构类型、祈使句结构类型、感叹句结构主要阐述了满语不同结构类型的句子各自具有的结构特征和使用原理；满语简单句和复杂句分析了这两种句子的构成关系，特别是阐述了复杂句具有的复杂多变的结构。

需要说明的是，同历史上同类教材类研究成果相比，本书在对满语错综复杂的形态变化语法词缀及句子结构系以例句进行说明时，我们尽量使用积极向上、与人们的日常生活密切相关且包含文明进步思想的句子。由此希望人们在学习满语满文的同时，从另一个角度了解清代教学教育中积极的方面。比如，编印多种语言文字教材以为不同民族相互交往交流交融提供方便条件，积极、深入、有效地推广满汉双语教学，鼓励兴建私塾来推广民间教学工作等。我们认为，编写教材并不只是为了教语言文字，更为重要的是希望通过教授知识、教书育人、传授道理、启迪思想、润泽心灵、陶冶人生、培养道德高尚的人才。

目 录

CONTENTS

第一课
满族满语满文及满学

　　满族是我国的少数民族之一，主要分布在我国东北地区，现已以散居为主。我国有 11 个满族自治县，包括辽宁省的岫岩满族自治县、清原满族自治县、新宾满族自治县、宽甸满族自治县、本溪满族自治县、桓仁满族自治县，河北省的青龙满族自治县、丰宁满族自治县、宽城满族自治县和围场满族蒙古族自治县，吉林省的伊通满族自治县。其中，辽宁省的满族人口最多。此外，黑龙江省、河北省、内蒙古自治区及北京市等省区市也有散居的满族人口。据统计，截至 2021 年，满族人口有 10423303 人。对满族的转写形式一般有 manzhou、manzu、manchu、manji 等。早期用汉语转写为"满洲族"，后改为"满族"。满族历史悠久，其先民同我国历史上东北的肃慎、挹娄、勿吉、靺鞨等族群有渊源。满族先民的女真人，于 1115 年建立了金朝，金朝于 1234 年退出历史舞台。1583 年至 1616 年，努尔哈赤统一东北女真各部后建立政权，史称"后金"，并创立了军政民合一的八旗制度。1636 年，皇太极将族称改"女真"为"满洲"，同时将国号改为"清"。1644 年，清朝入关。辛亥革命后，"满洲"之称被简化为"满"，"满洲人"被称为"满族"。早期的"满洲"（manju）之说，似乎同满通古斯诸语的"强大"和"强悍"等概念有关。满族是我国北方早期（公元 5 世纪）从狩猎和游牧生产转入农业生产的民族之一，满族先民历史上使用过女真文、蒙古文、汉文。满语属于阿尔泰语系满通古斯语族满语支，满族有本民族的语言文字，满文于 1599 年在蒙古文基础上创立，创制之初的满文叫"无圈点满文"。在 1626 年至 1643 年，为清楚分辨满文相关语音，借助蒙古文前后使用特定点号区别相关辅音的读音之手段，给"无圈点满文"加上了区分不同声音的圈点，进而满文从"无圈点满文"变成"圈点满文"，亦即后人所称"新满文"。作为清代官方通用文，满文在清代早期相当长的历史发展阶段被广泛使用。然而，清代中期以后，满语满文的使用率逐渐下降。与此相反，满族中汉语汉文的使用率不断上升，满族宫廷及旗人内部或各级行政官员中使用汉语汉字的人不断增多。到了清代后期，满语满文的使用者寥寥无几。满族生活区，包括满族乡村基本上也都改用了汉语汉文。中华人民共和国成立后，对满族使用满语满文采取鼓励政策，并下大力气对其进行了抢救保护。然而，到了 20 世纪 80 年代，除黑龙江省齐齐哈尔市富裕县和黑河市爱辉区、孙吴县满族村落的部分老人可使用简单的满语进行交流外，其他地区已基本全面汉语化，也就是基本放弃使用满语满文。清代留下的浩如烟海的满文历史文献及档案资料，现已成为我国十分珍贵的历史文化遗产。

一

伴随社会发展，满族内出现以居住地和部族为中心的两种大的姓氏家族。作为满族先民的女真人，他们绝大多数都是以一个姓氏的人聚居在一起，也就是同姓人生活在一个村落。此外，他们在人名前都要写姓氏称谓。后来，受蒙古族影响出现人名前不写姓氏的现象。早期满族先民称姓氏为哈拉（hala），一个哈拉属于一个家族。然而，随着人口不断繁衍、家族成员不断增多、驻防迁移日趋频繁等影响，原有的家族（mokun）分化出数个新家族。由此，出现多个家族同属一姓氏的现象。到了清代，随着满族同汉族交往交流交融的不断深入，其受汉文化影响越来越深，满族中开始使用音译汉字简写家族姓氏。例如，满族的"瓜尔佳"和"觉罗"等家族姓氏，用音译汉字简写为"关"

与"赵"等姓。辛亥革命以后，满族普遍用上了音译汉字简写姓名。

　　满族拥有独具特色、历史悠久的本民族文化，其中许多文化在漫长的历史进程中同汉族的传统文化逐渐融合。满族先民早期长期居住在山林地区，他们大多精于骑射，满族儿童从六七岁起就学习弓箭使用技巧，不论男女，青年在 14 岁以后必备一套弓箭。满族有极具特色的传统住房，有以旗袍、马褂、坎肩、大拉翅妇女发式、马蹄底鞋、靰鞡等为代表的服饰文化，有以"满汉全席"及"羊肉火锅""白水煮猪肉""东北酸菜""小米干饭""黄米豆包""萨其玛""京味糕点""满族水饺"等为代表的饮食文化。满族的节庆活动也很丰富，有颁金节、小年节（祭祀灶神节）、春节、元宵节、二月二、端午节、中元节（祭祀亡灵的鬼节）、中秋节、腊八节等。在早期，喜庆节日期间，满族还要举行狩猎、射箭、赛马、摔跤、珍珠球等传统游戏和娱乐活动。此外还有过年时杀猪、除夕吃饺子、腊八节煮腊八粥、五谷上场吃新米豆腐、打场结束时食用新谷黄米饭或豆面饽饽等本民族食俗。满族还有独具特色的婚丧习俗及各种礼节礼仪。满族过去有萨满信仰，后来受佛教影响较大。满族歌舞很丰富，有独具特色的"叙事歌""狩猎歌""放牧歌""劳动歌""丰收喜庆歌""贺寿歌""恋歌""婚礼歌""悠摇车""小板凳""抓嘎拉哈歌"等民歌，以及"单鼓腰铃舞""骑士舞""狩猎舞"等豪放爽朗、多姿多彩的歌舞。

　　满族十分注重文化生活，除了上文提到的节庆活动和风格独特的歌舞之外，在清代还用满文翻译了数量可观的历史、文化、军事、经济、文学书籍，其中包括名著《三国演义》《西厢记》《西游记》《金瓶梅》等多种译本。可以说，清代满族文化发展，表现在满汉文化广泛而深入交融的历史进程中，而这也为我国各民族相互交往交流交融及多元一体的历史文化研究留下十分宝贵的文献资料。

　　这里还应该提到的是，满族的发祥地——吉林省长白山地区历史上盛行的满族说部。众所周知，满族说部是满族先民口耳相传的一种古老的民间说唱长篇史诗性文学作品，满语称"乌勒本"（ulabun）、"传记"，一般是由口耳相传，也有手写的文本资料；其叙述者配以铃鼓扎板又夹叙夹唱，内容涉及祭祖敬祖，讴歌开拓创业的先祖、氏族部落的崛起、艰难的发展历程，歌颂英烈，传承民俗历史文化习俗及礼仪、生产生活知识等。在当时的满族生活区，说部主要以口耳相传，内涵极其丰富，被誉为满族历史上的百科全书。在早期，说部基本上用满语说唱，清代中叶以后从用汉满混合语说唱演变为单用汉语说唱。现存满族说部主要有《窝车库乌勒本》《包衣乌勒本》《巴图鲁乌勒本》《飞啸三巧传奇》《萨大人传》等。其中，满语说唱的一些内容填补了《清史稿》的缺漏和不足。满族说部体现了满族人民的独特艺术构思和创造力，是集艺术性、文学性、说唱性、文化性、历史性、史诗性、传承性合为一体的满族代表性成果，丰富了我国多民族历史文化及文献资料，对满族和汉族及各民族交往交流交融关系史研究有一定学术研究价值和意义。事实上，满族说部也是一本鲜活的历史教材。

满族十分重视文化教育，清代以来满族文化教育有了较快发展，建有隶属于国子监的八旗官学和隶属于宗人府的宗学和觉罗学（专管宗室、觉罗子弟的教育）。此外，在八旗驻防之地都设有官办学校及隶属于各旗参领的八旗义学等。其中，八旗义学更多是提供给贫寒旗人子弟读书的学校。清代学校教员由清政府派遣或由本旗佐领推选产生，教学内容主要是满语满文及骑射等军事知识内容，后期也增加了汉语文等课程，教员中有满族、汉族、蒙古族人等。科举考试方面，清初旗人和汉人分开考，八旗考场特设满文翻译内容，但不久满文翻译考试被取消，于是变为统一性单一汉考。清代教育的普及，对满族文化的发展起重大作用。当时的满文教材有很多，从少儿教材到成人教材有多种的类型和版本。其中，具有影响力的满文教材有《满汉字清文启蒙》《清文虚字指南编》《钦定清汉对音字式》《清文启蒙》《初学必读》《虚字指南》《清文典要》等。

众所周知，伴随清朝政府退出历史舞台，满文也逐渐缩小使用范围，目前只有黑龙江省富裕县三家子村小学仍设有满语课程。此外，中央民族大学、黑龙江大学、内蒙古大学、中国第一历史档案馆、中国社会科学院民族学与人类学研究所及近代史研究所、北京市社会科学院满学研究所等院校机构，开设有面向研究生或相关研究人员的满语课。目前只有在黑龙江省富裕县三家子满族村等满族人比较集中居住的个别村落，有极少数满族老人将满语作为内部辅助性语言在使用。而且，他们使用的满语词汇十分有限，甚至不超过几百个词。此外，满语极其复杂多变的形态变化语法词缀体系已残缺不全。由此，满语成为严重濒危语言。

二

满语研究虽然始于 16 世纪末，但没有什么起色。不过，自 17 世纪初以来，尤其是 17 世纪 40 年代初清入关后，经改进的新满文正式成为清朝官方书面语言，一直沿用至清代后期，满语研究经历了从辉煌到衰落的过程。应该说，清代顺治时期，满语满文得到较理想的推广使用，进而在社会、文化、经济、军事、行政管理等方面发挥了相当重要的作用，尤其在清朝宫廷和上层社会中成为主要语言工具。然而，17 世纪末以后，满语口语、满文使用被清政府及满族高层忽视而逐步走向衰落。到了康熙末年，满语满文在行政管理阶层及社会上的使用率不断降低，甚至在宫廷及满族贵族中开始流行学汉语、讲汉语、用汉文的风气，这对满族使用满语产生一定消极影响。这种状况下，出现许多不能熟练运用满语的满族人。在当时，虽然清朝政府为挽救这种局面做了一定努力，但情况并没有像他们所希望的那样好转；相反，使用满语的满族人口不断减少，说汉语和用汉文的满族人却不断增多。前面已提到，从 16 世纪末创制满文开始，就有人研究满语语音、词汇及语法。满语研究起初完全是为了满文创制和满语满文教学工作，到了 18 世纪和 19 世纪，伴随满语满文使用率的下降，人们更加关注满语满文的使用关系和存在的问题，由此满语满文的研究达到一定广度和深度，有关满语语音、词汇、语法的研究成果相继印刷发行。但从语言学角度全面系统地对满语语音系统和语法深层结构关系展开科学研究的成果并不太多，且绝大多数成果属于词汇学及相关语间的语言比较分析和对比分析等。17 世纪后期，特别是从 18 世纪才开始印刷有一定学术价值的满语满文研究著作。然而，涉及面广而有较高学术水平的研究著作直至 19 世纪以后才问世，其中以满语词汇结构及其使用关系的成果和各种词典及教科书居多。到了中华民国时期，满语满文研究更多地集中在对满文历史文献资料的整理和分析研究等方面。依据国内满文图书资料及满语满文研究成果，从清朝到中华民国时期的满语满文研究基本情况可概括为以下七个方面。

第一，关于满语满文的研究集中在满文研究方面，绝大多数成果是以满汉合璧抄本或刻本的形式呈现。其中主要包括《初学辨识清字须知》《单字》《清汉对音十二字头》《康熙字典姓氏》《满汉字头》《清书全集》《十二字头》等。这些成果基本属于满文解释与分析研究，以及为满文学习和使用提供技巧的书籍。并且，基本上都以满汉合璧形式编写而成。这对汉族或懂汉语汉文者接触、了解满文提供了很大方便，同时也为满族学习和掌握汉语汉文提供了便利。

第二，满语语音方面，其成果以满汉合璧刻本居多。包括《同音合璧》《圆音正考》《音韵逢源》《虚字韵》《虚字韵薮》《对音辑字》等。除此之外，也有满汉藏梵对照的《同文韵统》《满洲字母》等。

第三，满语虚字、接字、缀语等语法成果。其中有《虚字解》《清文虚字讲约》《清文接字》《清文虚字指南篇》《清文虚字指南篇读本》《重刻清文虚字指南篇》《清文虚字歌》《满汉缀语》《字法举一歌》《阿拉篇》等。这些书基本属于满汉合璧类型，只有《阿拉篇》属于满蒙合璧成果。而且，当时满语语法研究重点是对虚字、接字、缀语等的分析和解释。

第四，满语辞书类图书出版具有相当强的历史性、多样性、丰富性、独创性。当然，其中绝大多数属于满汉合璧类型，包括《大清全书》《同文广汇全书》《汉满词典》《同文物名类集》《满文名词》《满汉类书》《满汉同文全书》《满汉同文杂字》《满汉文语解》《满汉袖珍字典》《御制清文鉴》《御制清文鉴补遗汇抄》《清文汇书》《音汉清文鉴》《清文典要》《御制增订清文鉴》《清文补汇》《清文典要大全》《清汉文海》《清文鉴外新语》《清文鉴择录》《清文捷要》《清文类胲》《清文全书》《衙署名目》《清语选汇》《新旧清语汇书》《钦定清语》《钦定新清语》《选录清文鉴要语》《音译明全书》等。这些满汉合璧工具书，有的具有多种版本，有的多达十五册，且各具特色。此外，还有《满蒙文鉴总纲》《御制满洲蒙古汉字三合切音清文鉴》《四体合璧文鉴》《御制四体清文鉴》《五体清文鉴》《五体字书》等。当然也有用单一满文编辑的《实录内摘出旧清语》《无圈点字书》等抄本。这些单语、双语或多语辞书均有不同程度的使用和学术研究价值。

第五，清代还有一定数量的满语成语集及相关研究成果。主要有满汉合璧类型的《成语杂文》《书经成语》《兵部成语》《六部成语》《成语词典》《满汉成语》《满汉成语对待》等。此外，还有满蒙合璧本《总纲成语》、满汉蒙合璧本《成语坷林》等。这些成果，同样对系统了解和研究满语成语的结构特征提供了必要的资料基础和理论依据。

第六，汉译满、满译汉或满译蒙等方面的研究成果也有不少，例如《翻译话条》《翻译练习》《翻译蒙古一百条》《满蒙翻译纲要》和《满蒙单话》等。此外，还有满汉合璧刻本《单清语》《清语辑要》《清文总会》以及《满汉文八种》等。从整体上看，满汉合璧类抄本或刻本占绝对优势。

第七，清代出版了数量相当庞大的满语教材和满语读本。其中，绝大多数属于满汉合璧类型，还有满文单语课本、满蒙合璧及满汉蒙合璧类课本或读本。例如，满汉合璧教材及读本就包括《清文备考》《清话条射的》《满汉字清文启蒙》《清汉对学千话谱》《一学三贯清文鉴》《清语问答》《清话问答四十条》《清语易言》《钦定清汉对音字式》《旧清语》《满语要指》《清文指要》《清文虚字指南编》《满汉合璧四十条》《满汉文四种》《清语摘抄》《初学辨识清字须知》《初学必读》《清文试册》《清语采旧》《兼汉清文指要》《兼满汉字满洲套语清文启蒙》《续编兼汉请文指要》等。此外，《清文备考》刻本有 10 卷，《旧清语》共 14 卷，内容涉及满语语法、语源、语义结构。满汉蒙合璧的有《满蒙学堂课本》《初级教科书》《一学三贯》《三合便览》《三合类编》《三合语录》《满蒙汉合璧教科书》《三合汇书》等。其中，《三合便览》《满蒙学堂课本》等是油印本，内分几十册甚至上百册。而满语《初级教科书》完成于清朝末年，共十册。另外，《三合类编》与《三合语录》均有 12 册。所有这些教材及读本，均曾对满语满文教学发挥过积极作用，特别是《满汉字清文启蒙》《清文虚字指南编》《钦定清汉对音字式》等教材。以上可知，在清代编辑印刷过门类齐全而数量可观的满语满文教材、满汉合璧教材及多语种教材。其中，还有多种多样的满语满文自学教材。可以说，在清代满汉合璧教材及其多语种教材的编辑印刷等方面达到历史高峰，这对满语满文教学和满语满文学习产生了相当积极的影响。

三

中华人民共和国成立后，开始对严重濒危满语口语资料展开了前所未有的抢救性整理和调查研究。特别是，从 20 世纪 80 年代初，对黑龙江省富裕县三家子满族村、泰来县依布气村、阿城阿勒楚喀地区、双城市满族生活区、五常市拉林满族生活区及北京市密云县檀营满语口语进行反复多次调查。在此基础上，紧密结合 20 世纪 50 年代满语口语调查资料，先后发表和出版了一系列满语口语研究成果和调研报告。其中，主要包括《满族的历史与生活》《满族的历史与生活——三家子屯调查报告》《现代满语研究》《现代满语八百句》《满语语音研究》《北京土话中的满语》《满语口语研究》《满族话语北京话》《满语地名研究》《黑龙江现代满语研究》《满语杂识》《满语（口语）研究》《满语口语资料》《三家子满语语音研究》《满语口语音典》及《满族语言文字研究》等，这些是对现存严重濒危满语口语及满语书面语语音结构、词义结构、构词形式、语法现象和地名等特殊词语开展分析研究的代表性成果。这一时期，编辑满语词典、词汇集及相关研究也取得较理想的成果，包括《满汉大词典》《新满汉大词典》两部有影响力的满汉大词典，以及《五体清文鉴》《简明满汉词典》《单清语词典（满汉合璧）》《满汉合璧六部成语》《清史满语词典》《新编清语摘抄》《满族大辞典》与《汉满大辞典》等词典。这些词典中有的从构词、词源、词类、词用、词译等角度，对词条进行了深入浅出而较全面的解释，这给满语满文的学习和研究提供了很大方便。此外，这些词典多数由满汉双语撰写完成，而满语同其他民族语言进行对照的词典或词汇集比较少，只有满语同锡伯语、鄂温克语、鄂伦春语、赫哲语及女真语词汇进行对照的《满通古斯语族语言词汇比较》。这些工具书的先后出版，对满语满文满族研究而言，具有相当重要的资料价值、实用价值、社会价值和学术价值。

这一时期，关于满语和相关语言的比较或对比研究、满语同其他语言的接触与影响研究等，出版了《蒙古语满语比较研究》《达斡尔语与满蒙古语异同比较》《现代满语与汉语》《满通古斯语族语言词源研究》《满通古斯语言与相关语言比较研究》等，以及《北京土话中的满语》《满族话与北京话》《北京话的满语底层和〈轻音〉儿化探源》等。这些研究有效推进了满语同亲属语及汉语间的深入讨论。此外，有关满文文献资料来源、内容、特点、价值、作用及其翻译、注释等展开学术探讨和分析研究的成果也有不少。主要有《盛京刑部原档》《崇德三年满文档案译编》《清初内国史院满文档案译编》《满文老档》《清代内阁大库散佚满文档案选编》《新编清语摘抄》《满汉异域录校注》《年羹尧满汉奏折译编》《康熙朝满文朱批奏折全译》《功在史册——满语满文及文献》《雍正朝满文朱批奏折全译》《康熙〈御制清文鉴研究〉》《〈旧清语〉研究》《旧清语》《东北边疆满文档案选辑》《满族说部》《大清全书》《内阁藏本满文老档》《清文指要》《满文〈满洲实录〉译编》《重刻清文虚字指南编》《满文文献概论》《欧洲满文文献总目提要》《俄罗斯满文珍稀文献释录》等。毫无疑问，这些历史文献及档案资料均有很高的历史价值和学术价值。

最后还要提到，满语教材及教学读本方面，这一时期也有不少成果出版。其中，根据清代教材编辑出版的满语教材及读本有《满语语法》《满语读本》《满语语法》《自学速成满语基础讲义》《清代满语文启蒙教材合编〈满语入门〉》《满语入门》《现代满语八百句》《满文教程》《满文教材》《满文讲义》《满语研究通论》《简明满文文法》《满语读本》《满语入门》《满语 365 句》《满语 366 句会话句》《满文文献选读》等。满语教材一般是指满语书面语教材或用于教学的满文读本，不过这一时期出版的多数教材属于清代编辑刊印的满文教材的翻版，有的是对早期满文教材的重新编译、修订。从大学课堂到社会上的满文满语教学中，这些教材都在不同程度地被使用。

综上，我国满语满文研究史可分为清代满语学和现代满语学两大阶段。其中，清代满语学主要功绩是创制了满文、规范了满语标准话、记录了清代满语、撰写了清代满语学专著和教材及辞书，给后人留下了十分宝贵而数量庞大的满语满文研究成果，以及满文历史文献和档案资料。中华人民共和国成立以来，我国满语满文研究事业走向全面系统而科学理论的现代发展道路，可以将这一历史阶段取得的成就细分为：（1）全面系统搜集整理和分析讨论满文历史文献资料阶段；（2）培养高端人才和满语口语田野调查及收集活的语言资料、撰写研究论著阶段；（3）人才辈出，成果辈出，从实践走向理论、走向辉煌的阶段。

总而言之，满语是满族使用的语言，满族还有自己的民族文字，也就是满文。满文也被称为清文，是 1599 年参照蒙古文字母创制的拼音文字。清代满语盛行于我国东北各地，乃至在全国范围内传播使用。然而，清代康熙末年以后，满语和满文的使用范围也逐渐缩小，当清朝政府完全退出历史舞台以后，满语和满文的使用范围变得十分有限，甚至达到很少人使用的地步。现在，黑龙江省的个别地区内，也就是在满族人聚居的个别偏远村落内，只有一些满族老人偶尔不完整地使用严重濒危的本民族语，其他满族人几乎都失去了使用本民族语言的能力，均改用汉语和汉文了。由此，满语属于进入严重濒危状态的语言已成为学界共识。

思考题

一、满文是如何创制并发展起来的？

二、清代满文的贡献是什么？在哪些方面取得突出成绩？

三、清代满文教学的特点是什么？

四、清代代表性满语教材有哪些？

五、满语为何会成为严重濒危语言？

六、清代历史文献和档案资料有什么研究价值？

第二课
元　音

在这里，我们首先概述满语语音结构中的元音系统，以及元音和谐规律。满语的元音分为单元音和复元音。

一　单元音

满语语音里，元音是一个比较复杂的音系结构。该语言的元音有鲜明的词义区别关系和功能。所以，不同元音音素间存在区别性特征。图 2-1 为满语元音舌位图。

满语短元音：a ⤵ [ɑ]、e ↘ [ə]、i ↗ [i]、o ↘ [o] 、u ⤵ [u] 、ū ↘[ɔ]

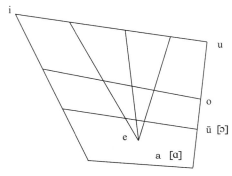

图 2-1　满语元音舌位图

满语短元音在舌位发音点的说明：

1. a：舌面后展唇低短元音

国际音标里应该写为 ɑ。但由于满语里没有前展唇低元音 a 音，所以人们在转写满语时习惯于用 a 来替代 ɑ 音。这样用起来方便，字体又好看。本教材也遵从了这一写法，用短元音 a 代替 ɑ 来表示舌面后展唇低短元音。

2. e：舌面中展唇短元音

国际音标里应该写成ə。不过，在满语里没有前展唇次高元音 e 音，所以在本教材里用 e 来替代ə音。同样，这样转写ə音时既方便字体又好看。

3. i：舌面前展唇高短元音

4. o：舌面后圆唇次高短元音

5. u：舌面后圆唇高短元音

6. ū（ɔ）：舌面后圆唇次低短元音

满语这六个短元音均可使用于词首、词中、词尾。详见表 2-1：

表 2-1　　　　　　　　　　满语短元音使用表

序号	元音	词首	词中	词尾
1	a	abka 天	dasan 政治	niyantʃiha 青草
		amaka 岳父	niyaman 心	karaldʒa 乌鸡
		adʒa 母亲	udʒan 田界	fuka 脓包
2	e	elden 光	dʒeyen 刀刃	niyehe 鸭子
		enduri 神	elbihe 貉	wehe 石头
		edun 风	wetʃen 祭祀	uye 草鱼
3	i	inengi 白天	itʃihi 斑点	tugi 云彩
		imahū 山羊	tatʃihiyan 教诲	dʒali 阴谋
		ilha 花	dʒidun 山岗	niyari 湿地
4	o	oron 星辰	tʃolhoro 大山	yoso 道理
		omolo 孙子	morin 马	tʃoko 鸡
		oyong 关键	tʃomboli 软肋	okto 药
5	u	uyun 九	tʃunguru 肚脐	ilengu 舌头
		usata 鱼白	fufun 锯子	tebku 胎胞
		utʃun 歌	ildun 机会	fulu 多的

序号	元音	词首	词中	词尾
6	ū	ūlen 房舍	dʒahūdai 船	tatʃikū学校
		ūren 佛像	tʃukūlu 近视眼	hūsikū围巾
		ūlet 厄鲁特	ahūn 兄弟	aisilabukū宰相

二　复元音

根据我们现已掌握的资料，满语复元音有 ai、ei、oi、ui、io、ao、eo 七个二合元音及一个三合元音 ioi。而且，这些复合元音可不同程度地使用于词首、词中、词尾。例如：

1. ai

aidagan	taiha	mailasun	tʃungai	maise
公野猪	长腿猎狗	柏树	红脖子鸟	麦

2. ei

eihume	weihe	seire	eigen	eimede	weihun
龟	牙	脊椎骨	丈夫	坏人	活的

3. oi

soison	boihon	toiton	boigon	hoihan	koimali
松鼠	土	布谷鸟	家庭	围猎	狡猾

4. ui

uihe	uilen	suiha	ʤui	guilehe
角	服务员	艾	孩子	杏树

5. io

niohe	nionio	niohon	galabio	hunio	tonio
狼	瞳仁	乙	手表	桶	棋

6. ao

gaowa	tʃao	maokala	aohan
鱼腹虫	径直	林中雕	敖汉

7. eo

leolen	deone	geoʃen	seolen	geo
言论	四岁牛	狗鱼	思考	母马

8. ioi

ioi	ioiʤai	kioida
竽	玉簪	村长

　　满语复元音里使用率较高的是 ai、ei、oi、ui，然后是 io，二合元音 eo、ao 及三合元音 ioi 的使用率都较低。而且，二合元音 ao 更多使用于汉语借词。不过，随着这些复合元音伴随汉语借词的不断增多，其使用率也在不断提高。

满语里除了短元音和复合元音，还有长元音，即 aa、oo 等。例如，paas（公交车）、oori（精力）、moo（木）、boo（房子）、tʃooha（兵）、tʃoo（锹）等。其中，长元音 oo 有一定的使用率，并可以出现在词的任何位置。不过，长元音 aa 基本上使用于汉语借词。另外，伴随汉语借词的不断增加，后来清代满文文献资料里使用长元音的现象也有所增多。

三　元音和谐现象

满语同阿尔泰语系其他语言一样也有元音和谐现象，但由于受汉语影响比较大，其原有的严格意义上的元音和谐现象并不突出。满语保留了单一元音音位之间的和谐现象，不同元音间的和谐现象基本上不存在，只留下不太规范的一些实例。根据相关研究，满语存在不是严格意义上的不同元音间的和谐现象。按照满语元音之间产生的和谐关系，可分为阳性元音 a 和 o、阴性元音 e 与 ū、中性元音 i 跟 u 三种。也有人提出满语的元音和谐现象中，阳性元音包括 a、o、ū 三个元音，阴性元音只有 e 一个元音，中性元音则有 i 和 u 两个元音。我们认为，满语元音和谐现象的分类出现不同观点，这主要同该语言的元音和谐现象不十分严谨，属于较为松散型的元音和谐关系有关。而且，满语的许多词会出现阳性元音和阴性元音混用现象。另外，需要指出的是，单元音 ū 在满语里使用率很低，所以该元音的和谐现象也出现得很少。因此，下面主要列举 a、e、i、o、u 五个单元音的和谐实例。例如：

1. 单元音 a 的和谐现象

aŋala	ahadan	kandahan	gargan	abdaha	karaldʒa
人口	老獾	驼鹿	枝	叶	乌鸡

2. 单元音 e 的和谐现象

elden	ergeŋge	gerhen	getʃen	nememe	mergen
光	生灵	亮光	霜	更	贤

3. 单元音 i 的和谐现象

isihimbi	sidʒin	ninkimbi	imtʃin	gintʃihi	sisimbi
抖动	钓鱼线	发情	手鼓	油光发亮	插入

4. 单元音 o 的和谐现象

oloŋdo	bodoŋgo	oforo	oho	hohoŋgo	ohotono
长筒靴	计划	鼻子	胳肢窝	槐树	鼠兔

5. 单元音 u 的和谐现象

ulusun	durdun	hutu	umuhun	sukdun	udʒu
橄榄	绸缎	鬼	座位	空气	头

如前文所述，满语里也存在一定程度的不同元音间的和谐现象。例如：

6. 单元音 a 和 o 的和谐现象

orhoda	tʃoman	solha	olhoba	tʃoban	tʃohome
人参	杯子	汤罐	小心的	撬棍	特意

7. 单元音 e 与 ū 的和谐现象

ūlen	ūlet	ūŋliŋge
房屋	厄鲁特	施舍的

8. 单元音 i 跟 u 的和谐现象

ilmun	kimun	niru	tumin	dʒuʃuri	niŋgun
阎王	仇	箭	稠	乌梅	六

除了上面提到的单一元音音位间的和谐现象，以及短元音有 a 和 o，e 与 ū、i 和 u 三种类型的和谐实例，这些单元音之间也会出现用于同一个词的现象。例如：

9. 其他单元音同用于一个词的现象

adasun	fadʒiran	suwan	mulan	fiya	suseri
衣襟	墙壁	炕洞	小凳子	桦树	茴香

nimeŋgi	huweki	fakūri	haŋse	tatakū	gūlakū
油	肥沃	裤子	面条	抽屉	峭壁

满语元音里本来就变得十分脆弱的和谐现象，受外来语言的影响越来越大，其和谐规律变得越来越模糊。从某种角度来讲，满语的元音和谐现象只保存于单一元音性质的和谐实例之中，过去有过的同一性质元音间的和谐原理基本上被打破，阳性元音和阳性元音、阴性元音与阴性元音间的和谐现象几乎不存在，取而代之的是不同元音间的自由结合现象。

思考题

　　一、满语有几个元音？舌位上的发音点都在哪里？

　　二、满语复元音的使用特征是什么？

　　三、满语有元音和谐现象吗？有什么规律？

第三课
辅音和音节及其词重音

  满语的辅音系统比较复杂，其使用关系上也有一些区别性特征。满语的辅音系统里，主要有单辅音，很少出现复辅音现象。另外，满语里也有一些叠辅音，但其数量不多且使用率也很低。

一 单辅音

  满语里有 b ᠪ、p ᠫ、m ᠮ、f ᠹ、w ᠸ、d ᡩ、t ᡨ、n ᠨ、l ᠯ、r（ẓ）ᠷ、s ᠰ、g（G）ᡤ、k（q）ᡴ、h（χ）ᡥ、ŋ ᠩ、ʤ（dʐ、dʑ、dʐ）ᠵ、tʃ（tʂ、tɕ、ts）ᠴ、ʃ（ʂ、ɕ）ᡧ、y ᠶ 19 个单辅音。其中，传统记音 r 用于借词时由辅音 ẓ 替代，辅音 g、k、h 分别有 G、q、χ 等音变形式，而辅音 ʤ 、tʃ、ʃ 同样各自有 dʐ、dʑ、dʐ 和 tʂ、tɕ、ts 及 ʂ、ɕ 等变体。满语里的这些单辅音在词中使用的具体情况有所不同。有的辅音可以用于词首、词中、词尾，有的只在词首和词中出现而在词尾基本不出现，也有的使用于词中和词尾且不使用于词首。一些辅音的使用率相当高，一些辅音的使用率很低。此外，有的辅音还根据前后使用的元音和辅音的不同会产生不同程度的音变现象。下面是满语辅音在词中的具体使用情况。例如：

1. b

biya	beri	gobi	dobi	boigon	tob
月亮	弓	沙漠	狐狸	家庭	正中

2. p

paŋhai	pampu	umpu	kapahūn
螃蟹	棉衣	山楂	塌鼻子

3. m

meiren	mahala	homin	namun	saman
肩膀	帽子	锄头	库房	萨满

4. f

furgin	fodoho	oforo	meifehe	tʃifahan
潮水	柳树	鼻子	山坡	泥土

5. w

wehe	wahan	tuwa	dʒuwe	dʒuwan	weihe
石头	马蹄	火	二	十	牙

6. d

dabsun	dere	dʒidun	nadan	midaha	dondon
盐	脸	山梁	七	蚂蟥	小蝴蝶

7. t

tere	tugi	fatan	aidahan	taktu	habtaha
他	云	鞋底	大野猪	楼阁	腰带

8. n

niŋgun	nimeku	aniya	eneŋgi	nahan	nomhon
六	病	年	今天	炕	老实的

9. l

leke	labdu	alin	gala	tala	koimali
磨石	多	山	羊拐骨	平原	狡猾的

10. r

radi	riben	beri	muheren	oromu	ar
魔力	日本	弓	耳环	奶皮	叫喊声

11. s

saman	sebdʒen	iseleku	nisiha	oros
萨满	兴奋	蝎子	小鱼	俄罗斯

12. g

golmin	getʃen	ʃugi	argan	aŋga	seŋgele
长的	霜	树汁	獠牙	嘴	鱼鳃

13. k

kitʃen	kalka	dʒakūn	tʃoko	muke	abka	sukdun
课	盾	八	鸡	水	天	气候

14. h

haha	hergen	nuhere	horho	sihin	nadan
男的	文字	小狗	柜子	房檐	七

15. ŋ

oŋko	aŋgū	hoŋko	teŋgin	loŋto	iŋ
牧场	大刀	船头	湖	笼头	营

16. dʒ

dʒiha	dʒuwan	sedʒen	weidʒun	tʃidʒin	andʒa
钱	十	车	鹳	绳子	犁

17. tʃ

tʃabihan	tʃolikū	sotʃili	yatʃin	hontʃi
鱼漂子	刻刀	小鸭	青的	羊皮

18. ʃ

ʃun	ʃahūrun	geoʃen	ʃokʃohon
太阳	寒冷	狗鱼	山剑锋

19. y

yeŋguhe	yohan	yasa	uyun	foyo	eniye
鹦鹉	棉花	眼睛	九	靰鞡草	母亲

从上面的例子可知：第一，满语辅音 b、n、l、r 可以用于词首、词中、词尾；第二，辅音 p、m、f、w、d、t、s、g、k、h、ʤ、ʧ、ʃ、y 一般用于词首和词中，词尾基本不出现；第三，辅音 ŋ 不出现词首，只使用于词中和词尾，辅音 ŋ 在词中使用时往往直接用于某一辅音前后。如上例中的 oŋko "牧场"、aŋgū "大刀"、loŋto "笼头"，辅音 ŋ 用于辅音 k、g、t 前面。除了辅音 ŋ，其他辅音直接用于相关辅音前后的实例也有不少。再者，伴随满语元音脱落现象的不断增多，辅音间直接产生接触关系的现象越来越多。此外，辅音在词中的使用率方面，b、m、d、t、n、l、s、g、ʤ、ʧ 等辅音的出现率最高，其次是辅音 k 和 h，再次是辅音 p、w、f，最后是辅音 y 和 r。相比之下，辅音 ŋ 的出现率比较低。

满语辅音使用中还有一个十分突出的现象，这也许是在当时的历史条件下产生的一个极其复杂的学术问题。包括满语书面语在内，将满语辅音的一些变体作为不确定的辅音音素放入辅音系统里，但对其进行解释的时候，却出现不同说法。有的人认为，它们属于没有区别词义功能而互补性使用的某一个辅音音素之变体现象。也有人认为，这些辅音音素虽然有互补性使用现象，但它们均属于各自独立的辅音音素。对此，我国著名的清代满语专家清格尔泰教授、日本著名清代满语专家服部四郎和早田辉洋教授，以及意大利清代满语研究专家斯达利教授等，经过多年研究共同认为，清代满文中使用的辅音 dʐ、tʂ、ʣ、tɕ、dz、ts 等均属于辅音 ʤ 和 ʧ 的变体形式。他们认为，我国阿尔泰语系语言里，除了个别辅音系统十分复杂的语言或方言土语中出现 ʤ、ʧ 和 dʐ、tʂ 同时使用的现象，或是用辅音 dʐ、tʂ 来替代 ʤ、ʧ 的实例，基本上用辅音 ʤ、ʧ 来替代 dʐ、tʂ、ʣ、tɕ、dz、ts，而把辅音 dʐ、tʂ、ʣ、tɕ、dz、ts 作为 ʤ、ʧ

的变音变体形式来处理。换言之，辅音 ʤ、ʧ 是具有代表性的音位，把辅音 dz̩、tʂ、ʣ、tɕ、dz、ts 看成是特殊语音环境下，或在不同的语音条件下，受前后某一元音或辅音影响而产生的音变现象。此外，在现已出版的满文教材里，也都明确指出辅音 ʣ、ts、ʣ、tɕ 只用于汉语借词。在这里，有必要说明的是，满语辅音 ʤ 和 ʧ 使用于后元音 o、u、ū 前面时出现发音为 dz̩ 与 tʂ 音的现象。例如，ʤuwan "十"、weiʤun "鹳"、ʤorgon "腊月"、ʧolikū "刻刀"、hunʧu "雪橇"、ʧūn "椿" 等的发音中会出现 dz̩uwan、weidz̩un、dz̩orgon、tʂolikū、huntʂu、tʂūn 的现象。

二　叠辅音

满语中很少出现复辅音现象，但是满语里有叠辅音，主要使用的叠辅音有 tt、ʃʃ、kk 等。例如：

aʃʃan	aʃʃara	tuttu	uttu	pakka
行动	癫痫	那样	这样	矮个子

需要说明的是，满语里使用的叠辅音不属于长辅音。因为，在划分音节时，其音节分界线要从两个重叠的辅音中间拉开。结果，以重叠形式出现的两个辅音，分别划入前后两个不同音节。例如，对 aʃʃan、aʃʃara、tuttu、uttu、pakka 等实例划分音节时，就会变成 aʃ-ʃan、aʃ-ʃa-ra、tut-tu、ut-tu、pak-ka 等。可知，词中重叠出现的两个辅音，从中间划开后分别归属于前后两个音节。由此，可以说满语叠辅音不属于长辅音。同时，满语里叠辅音的出现率比较低，且一般使用于词中，词首或词尾基本上不出现。

满语研究

表 3-1　　　　　　　　　　　　　满语十二字头读音

		辅　音																		
		b	p	m	f	w	d	t	n	l	r	s	g	k	h	ŋ	ʤ	tʃ	ʃ	y
元音	a	ba	pa	ma	fa	wa	da	ta	na	la	ra	sa	ga	ka	ha		ʤa	tʃa	ʃa	ya
	e	be	pe	me	fe	we	de	te	ne	le	re	se	ge	ke	he		ʤe	tʃe	ʃe	ye
	i	bi	pi	mi	fi		di	ti	ni	li	ri	si	gi	ki	hi		ʤi	tʃi	ʃi	yi
	o	bo	po	mo	fo		do	to	no	lo	ro	so	go	ko	ho		ʤo	tʃo	ʃo	yo
	u	bu	pu	mu	fu		du	tu	nu	lu	ru	su	gu	ku	hu		ʤu	tʃu	ʃu	yu
	ū	bū	pū	mū	fū		dū	tū	nū	lū	rū	sū	gū	kū	hū	ŋ	ʤū	tʃū	ʃū	yū

三　音节结构系统

　　满语音节以元音为核心构成，元音是构成音节不可缺少的决定性因素，一般而言一个词内有几个元音就应该划分几个音节。满语主要有 V、VC、VCC、CV、CVC 五种结构类型的音节，其中 V 表示元音，

有 V、VC、VCC、CV、CVC 五种结构类型的音节，其中 V 表示元音，
C 表示单辅音；音节资料 V、CV、VC、CVC 四种结构类型的音节在
满语里出现率很高。由于满语很少出现复辅音现象，所以音节 VCC 的
出现率很低。可以看出，V 与 VC 两个音节由元音开头，而 CV、CVC
是由辅音开头的音节。例如：

1. V

i	o	u	u-la	a-hadan
他	是	刺儿	江	老獾

2. VC

eŋ-gə	in-dahūn	un-tʃehen
鸟嘴	戴胜鸟	尾巴

3. CV

da	ko	do-bi	tʃe-tʃi-ke
根	水沟	狐狸	雀

4. CVC

non	muk-tun	ʃoŋ-kon
妹妹	盲鼠	海青

满语词汇里，构成词时音节使用现象有所不同。其中，首先分单
音节词和多音节词，单音节词指由单一音节构成的词，多音节词指由
两个或两个以上音节构成的词。其次，在多音节词中，还要分双音节
词、三音节词、四音节词、五音节词、六音节词等。例如：

1. 单音节词

u	su	moo	da
刺儿	龙卷风	树	根

2. 双音节词

o-mo	e-dun	ab-ka	tu-wa
池塘	风	天	火

3. 三音节词

or-ho-da	ei-hu-me	in-da-hūn
人参	龟	狗

4. 四音节词

kun-du-le-bun	han-tʃi-ra-me
招待	附近

5. 五音节词

ni-yeŋ-ni-ye-ri	i-tʃe-ke-sa-ka
春天	新鲜的

6. 六音节词

be-de-re-bu-ra-kū
无归的

7. 七音节词

ᠰᡠᠸᠠᠯᡳᠶᠠᡤᠠᠨᡯᠠᠮᠪᡳ

su-wa-li-ya-gan-dʒam-bi

掺和

比较而言，满语基本词汇里，包括动词词根在内，由双音节和三音节构成的词最多，其次是由四音节构成的词，再次是五音节词，最后才是单音节词、六音节词。另外，在满语里，还有接缀各种构词词缀和形态变化语法词缀的六音节以上的多音节词，这种词的音节可达到十个或十个以上，但多音节词在八音节以下的居多。

四　重音结构特征

满语有词重音现象，而且重音一般都落在词首部分的元音上，有重音现象的元音在音强和音高方面都表现得比较突出。根据研究，满语词重音大多落在词的第二音节的元音上。但是，如果词的第一音节元音是长元音，词重音要挪到词首出现的长元音上。再者，由五个及以上音节构成的长条词内，词尾部分会出现第二次重音，但其重音没有在词首音节出现的重音明显。此外，含有命令语词的音常常落在词首音节元音上。

思考题

一、满语中有几个辅音？满语中的辅音在使用上有什么区别性特征？

二、满语中有叠辅音吗？满语中的叠辅音有什么结构性特征？

三、满语音节划分的重要条件和要求是什么？

四、满语中有词重音吗？满语中的词重音出现在词的哪个音节？

第四课
词汇及其分类

满语词汇是一个相当复杂的结构系统，其中涉及基本词汇和外来词汇等。基本词汇包括以名词、代词、数词、形容词等为主的名词类词，以及以一般动词、形动词、副动词、助动词等为主的动词类词，还有虚词类词。另外，词的构成原理也十分复杂，而派生构成手段最具代表性，且有极其复杂多变的派生构词系统。

满语词汇包括基本词汇、多义词、单义词、借词等。其中，基本词汇包括名词、代词、数词、形容词、动词、副词、连词、后置词、语气词、拟声拟态词等。满语词汇可分为四种大的结构类型，一是由名词、代词、形容词、数词和部分副词构成的名词类词；二是包括基本动词、形动词、副动词、助动词在内的动词类词；三是涉及一些副词和后置词、助词、连词、语气词、感叹词、拟声拟态词的虚词类词；四是借词类词。

一　名词

满语的名词中表示温寒带地区的动植物、自然现象、生产生活内容及东北地区山河湖泊等的词极其丰富。相较而言，清代以后满语里有关温寒带地区的农耕生产生活方面的词汇逐渐增多，而早期满语中有关温寒带地区的畜牧业生产生活，狩猎、渔猎及林业生产生活或林区农耕生产方面的词汇比较丰富。

1. 与自然现象和自然物有关的名词实例

abka	melken	ʃun	biya	usiha	elden
天空	空气	太阳	月亮	星星	光
edun	aga	nioron	tugi	dʒaksan	talman
风	雨	虹	云	霞	雾
silenŋgi	getʃen	nimaŋgi	talkiyan	akdʒan	na
露水	霜	雪	闪电	雷	地
boihon	tʃifahan	wehe	yoŋgan	tala	alin
土	泥	石头	沙子	平原	山
hada	muke	turakū	mederi	namu	furgin
岩山	水	瀑布	海	大洋	潮水
teŋgin	ula	bira	bisan	omo	tuŋgu
湖	江	河	洪水	池塘	潭
birgan	bilten	tuwa			
泉	沼泽	火			

2. 与野生动物及动物、昆虫有关的名词实例

gurgu	tasha	yarha	seke	niohe	lefu
野兽	虎	豹	貂	狼	熊
nasin	sirsiŋ	buhū	ayan	gio	dʒeren
棕熊	猩猩	鹿	马鹿	狍子	黄羊
monio	dorgon	gūlmanhūn	sinŋgeri	soison	solohi
猴	獾子	兔子	老鼠	松鼠	黄鼠狼
hamgiyari	ulgiyan	haihūn	gasha	gaha	tʃibin
野猪	猪	水獭	鸟	乌鸦	燕子
saksaha	giyahūn	kilahūn	hūʃahū	toksikū	toiton
喜鹊	老鹰	海鸥	猫头鹰	啄木鸟	布谷鸟
karaldʒa	ulhūma	nuturu	tʃoko	nioŋniyaha	garu
乌鸡	野鸡	飞龙鸟	鸡	鹅	天鹅
niyehe	kuwetʃihe	kesike	indahūn	ihan	honin
鸭子	鸽子	猫	狗	牛	羊

temen	morin	eihen	lorin	umiyaha	geren
骆驼	马	驴	骡	虫子	蝈蝈

suilan	dondon	derhuwe	galman	helmehen	sebsehe
马蜂	蝴蝶	苍蝇	蚊子	蜘蛛	蚂蚱

yerhuwe	beten	meihe	muduri	erhe	nimaha
蚂蚁	蚯蚓	蛇	龙	蛙	鱼

mudʒuhu	duwara	oŋgoʃon	geoʃen	katuri	eihume
鲤鱼	鲶鱼	鲫鱼	狗鱼	螃蟹	龟

sampa
虾

3. 与植物有关的名词实例

moo	mailasun	dʒakdan	isi	uraŋga	fiya
木	柏	松树	叶松	梧桐	白桦树

tʃakūran	fodoho	fulha	budʒan	yohan	ulha
檀木	柳树	杨树	树林	棉花	牲口

nenden	okdori	belgeri	orho	hara	suiha
梅花	迎春花	罂粟花	草	狗尾草	艾草
mailan	empi	suku	foyo	olo	orhoda
马兰草	蒿草	蓬蒿	靰鞡草	麻	人参
ulhū	usin	handu	mere	ʃuʃu	henke
芦苇	田	稻谷	荞麦	高粱	瓜
uli	yeŋge	maiʃan	yoŋgari	umpu	hūri
山丁子	稠李子	枸杞子	沙果	山楂	松子
dʒisiha	seŋgule	eŋgule	mursa	elu	tana
榛子	韭菜	沙葱	萝卜	葱	野韭菜
uŋge	haisanda	henke	sentʃe	santʃa	
细野葱	野蒜	黄瓜	蘑菇	木耳	

4. 与亲属称谓及人称有关的名词实例

niyalma	boigon	uksun	hala	mafa	mafa ama
人	家庭	家族	姓	祖先	祖 父

mama	ama	eniye	amdʒi	amu	eshe
祖母	亲	母亲	伯父	伯母	叔叔
uhume	deheme	naktʃu	nektʃu	age	aʃa
婶母	姨母	舅父	舅母	哥哥	嫂子
deo	uhen	eyun	efu	non	meye
弟弟	弟妻	姐姐	姐夫	妹妹	妹夫
eigen	sargan	dʒui	urun	omolo	niyamaŋga
丈夫	妻子	儿子	儿媳妇	孙子	亲戚
dantʃan	sadun	sakda	haha	hehe	aha
娘家	亲家	老人	男人	女人	奴隶
tʃooha	gutʃu	adaki	edʒen	hafan	amban
兵	朋友	邻居	主人	官	大臣
sefu	ʃabi	bata	uksura	irgen	
老师	学生	敌人	民族	群众	

5. 与身体有关的名词实例

| 满文 | aŋgala 人口 | beye 身体 | udʒu 头 | ʃengin 额头 | fehi 脑子 | ʃan 耳朵 |

| yasa 眼睛 | oforo 鼻子 | aŋga 嘴 | weihe 牙齿 | ilengu 舌头 | ʃakʃaha 腮 |

| dere 脸 | meifen 脖子 | bilga 喉咙 | meiren 肩膀 | gala 手 | falaŋgū 手掌 |

| simhun 手指头 | hitahūn 指甲 | tuŋgen 胸 | huhun 乳房 | hefeli 肚子 | darama 腰 |

| fisa 后背 | suksaha 大腿 | tobgiya 膝盖 | holhon 小腿 | ura 屁股 | teru 肛门 |

| du 胯骨 | bethe 脚 | fatan 脚底 | giraŋgi 骨 | sontʃoho 辫子 | faitan 眉毛 |

| solmin 睫毛 | salu 胡子 | giraŋgi 骨头 | umgan 骨髓 | sukū 皮肤 | niyaman 心脏 |

| fahūn 肝脏 | bosho 肾 | ufuhu 肺 | silhi 胆 | duha 肠子 | delihun 脾 |

| senggi 血 | sudala 血管 | yali 肉 | sike 尿 | hamu 屎 | nei 汗 |

silenɡi　niyaki　tʃifenɡu
口水　　鼻涕　　痰

6. 与衣食住行和生活生产工具有关的名词实例

etuku	gahari	sidʒigiyan	fakūri	hūsihan	mahala
衣服	上衣	袍子	裤子	裙子	帽子

hūsikū	fulu	hebtehe	sabu	gūlha	fomotʃi
围脖	手套	腰带	鞋	靴子	袜子

boso	tonɡo	dʒibehun	sishe	tʃirku	muheren
布	线	被子	褥子	枕头	耳环

guifun	idʒifun	merhe	buleku	buda	soɡi
戒指	梳子	篦子	镜子	饭	菜

sun	nimenɡi	dabsun	boo	ordo	hūwa
奶子	油	盐	房子	亭子	院子

fu	ʃolon	utʃe	hūlan	nahan	fa
墙	桩子	门	烟筒	炕	窗户

besergen	dere	teku	hoseri	horho	tatakū
床	桌子	座位	盒子	柜子	抽屉

sedʒen 车	dʒahūdai 船	melbiku 桨	huŋgu 雪橇	suntaha 滑雪板	dʒugūn 路
folho 锤子	suhe 斧子	fufun 锯	hadahan 钉子	satʃikū 镐头	tʃoo 锹
damdʒan 扁担	hadafun 镰刀	huwesi 刀	hasaha 剪刀	moro 碗	alikū 盘子
tʃoman 杯子	sabka 筷子	saifi 羹匙	butūn 坛子	malu 瓶子	tampin 壶
hunio 桶	mutʃen 锅	saya 銷	duri 摇篮	futa 绳子	ulme 针
sorko 顶针	suifun 锥子	yoose 锁头	anakū 钥匙	kurdun 轮子	andʒa 犁
homin 锄头	ʃoro 筐子	eriku 笤帚	leke 磨刀石	beri 弓	niru 箭
gida 扎枪	dabtʃikū 剑	hiyantʃi 猎枪	dʒofoho 鱼叉	asu 网	dehe 鱼钩

fulhū	eŋgemu	hadala	dʒulhū
口袋	鞍子	马笼头	缰绳

7. 与社会文化及精神生活有关的名词实例

gurun	gemun	dʒetʃen	geren	dasan	hoton
国家	首都	边疆	社会	政府	城市
golo	hiyan	gaʃan	aili	aiman	tokso
省	县	乡	村	部落	屯子
tʃalu	oŋko	serkin	dʒasigan	tatʃikū	hooʃan
仓房	牧场	报纸	信	学校	纸
hergen	bithe	ulabun	edʒebun	daŋse	utun
字	书	传记	史册	档案	资料
debtelin	behe	ulabun	utʃun	maksin	tuŋken
本	墨	传说	歌	舞	鼓
buleri	dʒilgan	gisun	tatʃin	holbon	baita
喇叭	声音	话	习惯	婚姻	事情

tolgin	hala	gebu	se	akdatʃun	enduri
梦	姓	名字	年纪	信仰	神

futʃihi	hutu	ibagan	baldʒun	okto	koro
佛	鬼	怪	妖精	药	毒

nimeku	samha
病	痣

8. 方向名词实例

dere	dergi	dʒulergi	wargi	amargi	dele
方向	东	南	西	北	上

fedʒergi	hashū	itʃi	dulin	dalba	ʃurdeme
下	左	右	中	旁边	周围

dolo	tule	tulesi	hantʃi	dʒakade	ishun
里面	外面	向外	附近	跟前	对面

hoʃo
角

9. 时间名词实例

erin	aniya	se	biya	ineŋgi	eneŋgi
时间	年	岁	月	日	今天

tʃimari	tʃoro	sikse	tʃanaŋgi	erde	dobori
明天	后天	昨天	前天	早晨	晚上

yamdʒi	sikseri	niyeŋniyeri	dʒuwari	bolori	tuweri
夜晚	黄昏	春	夏	秋	冬

dʒulge	te
古代	现在

二　代词

bi	si	beye	tere	be	suwe
我	你	自己	他（那个）	我们	你们

tʃe	tese	muse	geren	gemu	weri
他们	他们（那些）	咱们	大家	都	别人

we	tuttu	tʃargi	tuba	ere	uba
谁	那样	那边	那里	这	这里

ergi	uttu	ainu	ai	ai	adarame
这边	这样	为何	什么	怎么	如何

udu	ya
几个	哪个

三　数词

emu	dʒuwe	ilan	duin	sundʒa	niŋgun
一	二	三	四	五	六

nadan	dʒakūn	uyun	dʒuwan	orin	gūsin
七	八	九	十	二十	三十

dehi	susai	nindʒu	nadandʒu	dʒakūndʒu	uyundʒu
四十	五十	六十	七十	八十	九十

taŋgū	miŋgan	tumen	bunai	dulin
百	千	万	亿	半

四　量词

ubu	fempi	da	mari	abdaha	baksan
份（一份）	封（一封）	杆（一杆）	回（一回）	张（一张）	把（一把）
farsi	talgan	ergi	dalba	farsi	uhutu
块（一块）	面（一面）	方（一方）	边（一边）	片（一片）	卷（一卷）
yohi	fuldun	gakda	dʒuru	ultʃin	udu
套（一套）	朵（一朵）	只（一只）	双（一双）	串（一串）	连（一连）
ergi	falga	dasin	gargan	hoseri	sirge
阵（一阵）	场（一场）	柄（一柄）	扇（一扇）	盒（一盒）	丝（一丝）
belge	ba	da	dʒurhun	moro	hiyase
粒（一粒）	里（一里）	庹	寸	升	斗
deken	tʃimari	delhe			
亩	垧	顷			

五　形容词

fulgiyan	ʃanyan	sahaliyan	suwayan	lamun	niowaŋgiyan
红	白	黑	黄	蓝	绿

yatʃin 青	ʃuʃu 紫	sain 好	ehe 坏	yargiyan 真	holo 假
itʃe 新	fe 旧	bayan 富	yadahūn 穷	hūdun 快	elhe 慢
den 高	faŋkala 低	ʃumin 深	mitʃihiyan 浅	ontʃo 宽	hafirhūn 窄
golmin 长	foholon 短	goro 远	hantʃi 近	maŋga 硬	uhuken 软
muwa 粗	narhūn 细	amba 大	adʒige 小	labdu 多	komso 少
dʒiramin 厚	nekeliyen 薄	muheliyen 圆	durbedʒeŋge 方	hetu 横	undu 竖
udʒen 重	weihuken 轻	dʒira 紧	sula 松	meŋge 松软	ʃulihun 尖
mumuri 钝	halhūn 热	serguwen 凉	ʃahūrun 冷	bulukan 暖	wahūn 臭

gosihon
苦

waŋga
香

dʒuʃuhun
酸

amtaŋga
甜

gosihon
苦的

saikan
美

botʃihe
丑

六 动词

sai-
咬

dʒe-
吃

omi-
喝

simi-
吸

nuŋge-
咽

ulebu-
喂

ebi-
饱

omiholo-
挨饿

kangka-
渴

fulgiye-
吹

kaitʃa-
喊

gisure-
说

leoletʃe-
聊天

hūla-
读

fondʒi-
问

indʒe-
笑

ile-
舔

soŋgo-
哭

hūla-
叫

kaitʃa-
喊

ala-
告诉

dondʒi-
听

tuwa-
看

tatʃi-
学

ara-
写

utʃara-
遇见

taka-
认识

tanta-
打

tuksi-
心跳

tʃuku-
累

45

bu- 给　gai- 要　ana- 推　toksi- 敲　tata- 拉　dʒafa- 抓

gama- 拿　feku- 采　mondʒi- 搓　simhule- 捏　isi- 拔　tʃiyali- 揪

kotʃi- 抠　sinde- 放下　sulala- 松开　makta- 扔　tuŋgiye- 捡　meihere- 扛

tukiye- 抬　tebeliye- 抱　unu- 背　etu- 穿　so- 脱　dasi- 盖

ili- 站立　te- 坐　niyakūra- 跪　mitʃu- 爬　dodo- 蹲　tuhe- 跌倒

dedu- 躺下　fete- 掘　fuheʃe- 滚　fehu- 踩　feshele- 踢　feku- 跳

yabu- 走　dahala- 跟　amtʃa- 追　dʒi- 来　dosi- 进　gene- 去

tafa- 上　ebu- 下　tule- 过　feksi- 跑　deye- 飞　bi- 有

mari-
回去

bene-
送

foro-
切

faita-
割

toko-
扎

satʃi
砍

hūwala-
劈

delhe-
分

nei-
开

yaksi-
关

abala-
打猎

tutʃi-
出

inde-
住

amga-
睡

sere-
清醒

erge-
休息

elde-
照

obo-
洗

elbiʃe-
游泳

amtala-
尝

aʃu-
含

deidʒi-
烧

ara-
做

budʒu-
煮

mondʒi-
揉

sa-
挤奶

dʒono-
想

akda-
信

edʒe-
记住

oŋgo-
忘记

buye-
爱

odʒo-
吻

tʃihala-
喜欢

korso-
恨

ubiya-
讨厌

fantʃa-
生气

aisila-
帮助

takūra-
用

bai-
请求

tokto-
决定

teri-
种

argana-
发芽

hadu-
收割

fete-
挖

sisi-
插

mondʒi-
运

kūwaliya-
变化

ʃukiʃa-
撞

sabda-
漏

sebde-
上锈

ka-
堵

eye-
流

moktʃo-
折断

sekte-
铺

asa-
动

kūthūbu-
搅动

dasa-
修理

teksile-
整理

weile-
动

dʒuhene-
结冰

wene-
溶化

fulmiye-
捆

mabula-
擦

nime-
痛

tusu-
出嫁

holbo-
结婚

solo-
邀请

aliya-
等候

bandʒi-
生

aitubu-
活

mutu-
长

hamu-
拉屎

sike-
撒尿

futʃihiya-
咳嗽

habta-
眨眼

anabu-
输

ete-
赢

hūlha-
偷

too-
骂

betʃunu-
吵架

wa-
杀

efi-
玩耍

gabta-
射

tuhe-
摔跤

butʃe-
死

gele-
怕

tatara-
撕开

efudʒe-
破

duri-
抢

dali-
赶

sebke-
扑

ufi-
缝

tele-
绷

hala-
改

utʃule-
唱

dʒoriʃa-
教

tooda-	uda-	untʃa-	karula-	saiʃa-	kerule-
还	买	卖	报答	表扬	罚

umbu-	mute-
埋	能

七　形动词

1. 现在时形动词构成形式

动词词根或词干 ＋ -m ＋ biren

2. 现在将来时形动词构成形式

动词词根或词干 ＋ -ra、 -re、 -ro

3. 过去时形动词构成形式

动词词根或词干 ＋ -ha -ka、 -he、 -ke、 -ho、 -ko

八　副动词

1. 并列副动词使用词缀 -me

dʒeme	omime
吃	喝

2. 顺序副动词使用词缀 ᠊ᡶᡳ -fi

genefi   dʒimbi   isinafi   dʒembi

去就   来   去就   吃

3. 条件副动词使用词缀 ᠊ᡨᡳ -tʃi

fondʒitʃi   sambi

问了才   知道

4. 连续副动词使用词缀 ᠊ᡥᠠᡳ -hai、᠊ᡥᡝᡳ -hei、᠊ᡥᠣᡳ -hoi

dʒafahai   tembi

拿着   坐

5. 终止副动词使用词缀 ᠊ᡨᠠᠯᠠ -tala、᠊ᡨᡝᠯᡝ -tele、᠊ᡨᠣᠯᠣ -tolo

dositala

直到落入

6. 极尽副动词使用词缀 ᠊ᡨᠠᡳ -tai、᠊ᡨᡝᡳ -tei、᠊ᡨᠣᡳ -toi

yaksitai

紧关

7. 延伸副动词使用词缀 ᠊ᠮᡦᡳ -mpi

dʒalumpi

满满地

8. 未完副动词使用词缀 ꡤ -ra、ꡤ -re、ꡤ -ro，同时在后面再加 ꡤ -ŋgala、ꡤ -ŋgele

-ra+-ŋgala   dʒuraraŋgala
                  起身前

9. 伴随副动词使用词缀 ꡤ -ra、ꡤ -re、ꡤ -ro

-ra   araralame
        边写边

10. 程度副动词使用词缀 ꡤ -meliyan、ꡤ -shūn、ꡤ -shun

-shūn   aibishūn
         稍肿的

九　助动词

1. 时态助动词

bimbi   ombi
在   是

2. 判断助动词

aise

可能、也许

3. 能愿助动词

mutembi	atʃambi	ombi	sembi
能、会	可以、能够	应能	愿意

4. 肯定助动词

bi	oho
是	是

5. 疑问助动词

no	bio
吗	吗

6. 否定助动词

waka	akū
不	没

7. 禁止助动词

ume
不要

十　副词

1. 时间副词

aifini	emgeri	teni	nerginde	ilihai	ne
早已	已经	刚才	马上	立刻	现在

dʒing	amaga
正在	将来

2. 范围副词

gemu	biretei	uhei	demu	inu	enteheme
都	全	一同	只	也	永远

3. 程度副词

umesi	asuru	mudʒakū	dʒatʃi	entʃushūn	nokai
非常	很	极其	太	特别	最

ele	niʃa	madʒige
更	相当	稍微

4. 状态副词

ildun	tʃihai	elheken	dʒortai	kemuni	kemun
顺便	任意	缓缓	故意	仍然	依然

holkonde
突然

5. 语气副词

urunakū	isi	aiseme	talude	kemuni	mudʒaŋga
一定	自然	何必	万一	还	确实

6. 方向副词

tulesi	ebsi	dosi	amasi
向外	往这儿	往里	向后

十一　连词

dʒai	bime	embitʃi	eitʃi	ememuŋge	tuttu
和	而且	或	或者	要么	因此

seme	aikabade	ofi	otʃi	udu	dahūn
因为	所以	因而	若是	虽然	再

dʒalin	dade	bime	emu derei……emu derei……
为	又	而且	一面……一面……

embitʃi……embitʃi……	aŋgala
或者……或者……	与其……不

十二　后置词

oŋgolo	nerginde	unde	ebsi	amala	dele
以前	时候	尚未	以来	然后	在……上

dolo	tule	dʒuleri	baru	dosi	adali
在……里	在……外	在……前	向	向……里	一样

maŋga	tʃeŋgi	taile	gubtʃi	tʃala
更	只	仅	都	除……外

十三　助词

1. 判断助词

otʃi	sereŋge
是	是

2. 肯定助词

inu	oho
是	是

3. 否定助词

akū	waka
没有、无、没、不	不是

4. 泛指助词

ʤergi

等等

5. 疑问助词

nio

吗

6. 强调助词

ki

吧

7. 意愿助词

ʤoo　　　　ʤoobai

也罢　　　罢了

8. 判断助词

uru　　　inu　　　ombi

是　　　对　　　正确

十四 语气词

1. 疑问语气词

nio   ni

吗   吗、呢

2. 祈使语气词

bai   dere

吧   吧

3. 判断或解释语气词

dere   be   dabala

吧、罢了   也   罢了

4. 感叹语气词

kai

啊、呀、唉

5. 猜测语气词

aise   dere

想必、想是   吧

十五　感叹词

en	hei	ai	ya	a	na
嗯	嘿	嗳	呀	啊	啊疑问

hai	ara	are	pei	ha	ha ha
咳	哟	哼	呸	哈	哈哈

oi	aya	ara	an	si	nio
喂	哎呀	哎哟	哦哟	嘶	吗

tʃina	ume	akū	inu	atʃu	emekei
呀	别	不	是	啊哟	啊呀呀

haiyo	abka	o	ke	ei ei	ma
嗨哟	天哪	噢	嗬	哼哼	给

十六　拟声拟态词

ui ui	ar ar	hur har	dʒidʒi dʒadʒa	kas kas
嗡嗡声	喧哗声	喘气声	鸟叫声	折断声

hūr hūr	hor hor	goko goko	tuk tuk	kutbi kutbi
风吹声	打呼噜声	鸡叫声	嘣嘣跳态	振动态

lai lai　　　ger gar　　　tʃib tʃab　　　ler lar
大口吃态　　　争吵态　　　凄凉态　　　轻松态

　　如前文所示，满语有名词、代词、形容词、数词、动词、副词、后置词、助词、连词、语气词、感叹词、拟声拟态词等。同时，名词分为一般名词、人物名词、方位名词、时间名词、专业名词等；代词分为人称代词、反身代词、指示代词、疑问代词、确定代词、不定代词；形容词分性质形容词和关系形容词；数词一般分为基数词、序数词、集合数词、平均数词、概述词、分数词、限定数词、重复数词等；动词分为基本动词、形动词、副动词、助动词等；副词分为程度副词、时间副词、行为副词、范围副词、处所副词、数量副词、语气副词等；后置词分为时间后置词、方向后置词、方式后置词、目的后置词、原因后置词、假定后置词、让步后置词、比较后置词、限定后置词、程度后置词等；助词一般分为泛指助词、疑问助词、愿望助词、强调助词、判断助词等；连词分为联合连词、条件连词、选择连词、转折连词、假定连词、让步连词、促使连词、模糊连词等；语气词分为疑问语气词、肯定语气词、否定语气词、促使语气词、给予语气词、应许语气词、招呼语气词等；感叹词分为允许感叹词、嘱咐感叹词、惊疑感叹词、藐视感叹词、惋惜感叹词、招呼感叹词、哀痛感叹词、赞赏感叹词、禁止感叹词等；拟声拟态词主要分为拟声词和拟态词两种。

　　根据使用功能不同，可以将满语词汇分为实词类词和虚词类词两大范畴。其中，实词类词包括名词、代词、形容词、数词、动词、副词等；虚词类词包括后置词、助词、连词、语气词、感叹词、拟声拟态词等。而且，满语虚词类词中有一定数量的由实词类词派生而来的实例，甚至有的虚词由实词类词的词义虚化而来。因此，满语的句子结构里虚词往往处于次要位置，而占有主要位置或发挥重要作用的一般都是实词类词。此外，在实词类词的范畴里，还可以依据语法形态变化特征及其在语句中发挥的语法功能，进一步分为名词类词和动词类词两大部分。所谓名词类词是指名词、代词、形容词、数词等，动词类词包括基本动词、形动词、副动词、助动词等。

除此之外，满语里也有相当数量的多义词、反义词、近义词、同义词、同音词、谐音词等。

十七　多义词

1. ᡨᠠᡨᠠ
   tata-
   （1）拉　　　（2）扯开　　　（3）绞沙　　　（4）睁眼　　　（5）抽签
   （6）夺取　　　（7）住下　　　（8）说

2. ᠠᡳᠮᠠᠨ
   aiman
   （1）心脏　　（2）内心深处　　（3）中心　　　（4）中央　　　（5）双亲
   （6）亲人　　（7）亲戚　　　（8）婚姻关系　　（9）亲族　　　（10）情感

3. ᡝᡵᡳᠨ
   erin
   （1）时间　　　（2）时候　　　（3）钟表或表　　（4）季节　　　（5）白天
   （6）空闲　　　（7）期限　　　（8）气候　　　　（9）时代　　　（10）年轮
   （11）历史

十八　反义词

1.　ᡥᠠᡥᠠ　　　　ᡥᡝᡥᡝ　　　　2.　ᠠᠮᡳᠯᠠ　　　ᡝᠮᡳᠯᡝ
   haha　　　　hehe　　　　　　amila　　　emile
   男的　　　　女的　　　　　　公的　　　母的

3.

den　　　　fangkala
高　　　　　低

4.

ʃumin　　　mitʃihiyan
深　　　　　浅

5.

golmin　　　foholon
长　　　　　短

6.

amba　　　adʒige
大　　　　小

十九　近义词

1.

bardaŋgi　　tʃokto
自夸　　　　自傲

2.

tʃetʃertʃuke　　korsotʃuka
可恨的　　　　可恶的

3.

notho　　　umriha
树皮　　　　树嫩皮

4.

siden　　　dorgide
中间　　　　当中

5.

hantʃirame　　dʒakade
附近　　　　　跟前

6.

akduŋga　　beki
结实的　　　坚固的

7.

tomorhon　　labdun
稳妥的　　　　稳重的

8.

gisure　　　hendu　se
说　　　　　讲　　道

二十　同义词

1.

ofi　　seme
因为

2.

tʃibin　dʒidʒirgan
燕子

3.

tomon　yeru
穴

61

4. buraki hukun
尘埃

5. giŋnehen hule
石

6. amba ayan
大

7. misha- oli-
躲开

8. koro seye
恨

二十一　同音词

1. amu　amu
伯母　瞌睡

2. anda　anda
朋友　何等

3. duthe　duthe
窗棂　花点鱼

4. ebsi　ebsi
这边　以来

5. eneŋgi　eneŋgi
今天　惋惜

6. gisun　gisun
语言　鼓槌子

7. holdon　holdon
狼烟　果松

8. holo　holo
虚假　山沟

9. murakū　murakū
鹿哨　胡来

二十二　谐音词

满语的谐音词有两种词义结构类型，一种是两个谐音词各表示不同词义，还有一种是两个谐音词共同表示一个词义。

第一种结构类型的谐音词：

1. tutu　uttu
那么　这么

2. haha　hehe
男的　女的

3. amila　emile
公的　母的

第二种结构类型的谐音词：

1. goloho　gelehei
   慌慌张张

2. dʒak　dʒik
   鸟叫声

3. ala　sala
   偏爱

4. aikan　faikan
   可爱的

5. atʃu　fatʃu
   疼爱

6. adada edede
   奇怪

比较而言，第一种结构类型的谐音词的出现率比第二种结构类型的谐音词要多，且更多出现于拟声拟态词之内。

二十三　借词

满语里也有不少借词，尤其是来自汉语的借词比较多。而且，这些借词涉及不同范畴，使用面也比较广。此外，满语词汇中也有一些来自蒙古语和俄语的早期借词。

1. 汉语借词

gan	boobai	manu	huwaʃem	mase	sefu
钢	宝贝	玛瑙	花生	马勺	师傅

su	dendʒan	satan	tʃitʃe	boso	wase
醋	灯	砂糖	汽车	布子	袜子

bio	fiyan	bandan	guise	puse	gunʃe
表	粉	板凳	柜子	铺子	公司

a	giyoo	tʃoo	miyaotʃan	maimai	hodʒi
蜡烛	轿	锹	瞄枪	买卖	伙计

suimo	puke	paodʒun
水磨	扑克	爆竹

2. 蒙古语借词

saikan	urunu	utʃara	yabu	kutule	kūdʒin
美丽	饿	遇见	走	牵	井

hoton
城市

3. 俄语借词

pamidor	masin	toladʒi	oros	dʒioilebu	fusa
西红柿	机器	拖拉机	俄罗斯	俱乐部	菩萨

此外，也有一些来自突厥语以及现代英语的借词。比较而言，满语里借自汉语和蒙古语的农业用语、宫廷用语、早期政治术语以及借自蒙古语的畜牧业名词术语等较多。而且，满语借词中还有不少译义词或半译音译义词等。满语中的这些借词，进一步补充和丰富了满语词汇系统。特别是，那些数量可观的现代新词术语的借入，为满语的运用和发展注入了新的活力。

思考题

一、满语词汇如何分类?

二、满语谐音词有什么结构性特征?

三、满语中哪一种语言借词最多?

四、满语名词类词、动词类词、虚词类词中包含哪些词?

五、满语词汇里数量最多的是哪类词?

第五课
构词系统

　　满语主要使用派生构词法和合成构词法构造新词。其中，最为常见的是用派生构词法派生新词的现象。派生构词法充分利用黏着性构词词缀，按照元音和谐规律或相关使用规则，通过接缀词根或词干的手段派生新词。这里所说的词根是词的最原始、最基础的构成形式，其结构再不能够分化或分开，它是最根本的结构形式。例如，se"岁"、biya"月"、emu"一"、itʃe"新的"、dʒe-"吃"等均属于词根。词干是指在词根后面接缀相关形态变化构词词缀派生出来的产物。例如，gala"手"是名词词根，因为该名词无法再分解，若分解就会失去词义，该名词词根后面可以接缀形态变化构词词缀或语法词缀。然而，由名词或名词词根 gala"手"后面接缀构词词缀 -da 派生的动词 galada-（gala-da-）"动手"就属于词干，它是由名词或名词词根 gala 派生而来的动词，它的词根是 gala，而由 gala 派生而来的动词 galada- 则属于动词词干，不属于动词词根。在动词词干 galada- 后面能够接缀形态变化构词词缀再次构成新词，也能够接缀动词类词形态变化语法词缀表达不同语法关系。

一　派生构词法

1. 名词的派生

（1）名词 → 名词

-ku	feŋse 盆子	+	-ku	=	feŋseku 小盆子
-kū	muduri 龙	+	-kū	=	mudurikū 兽吻
-si	usin 田	+	-si	=	usi(n)si 农夫
-tʃi	buda 饭	+	-tʃi	=	budatʃi 厨师
-ʤi	boigon 户	+	-ʤi	=	boigoʤi 户主
-ʤu	boihon 土	+	-ʤu	=	boihoʤu 土地神

-tʃen	suhe 斧子	+	-tʃen	=	suhetʃen 小斧子	
-tʃan	mihan 小猪仔	+	-tʃan	=	mihantʃan 野猪仔	
-ŋge	weile 罪	+	-ŋge	=	weileŋge 罪人	
-ŋga	hosin 仁	+	-ŋga	=	hosinŋga 仁者	
-ken	kuru 高阜	+	-ken	=	kuruken 微高处	
-sun	fulhū 口袋	+	-sun	=	fulhūsun 褡包	
-ri	temen 骆驼	+	-ri	=	teme(n)ri 驼色	
-tu	miŋga 千	+	-tu	=	miŋgatu 千人官	

（2）形容词 → 名词

| -si | asikan
小 | + | -si | = | asikansi
小东西 |

| -ki | hantʃi
近 | + | -ki | = | hantʃiki
近处 |

| -to | hūlhi
糊涂 | + | -tu | = | hūlhitu
糊涂人 |

| -ren | hetu
横 | + | -ren | = | heturen
山柁 |

| -ta | gaŋga
强的 | + | -ta | = | gaŋgata
身高者 |

（3）动词 → 名词

| -ku | etu-
穿 | + | -ku | = | etuku
衣服 |

| -kū | tatʃi-
学 | + | -kū | = | tatʃikū
学校 |

-ma	gotʃi- 抽	+	-ma	=	gotʃima 抽屉
-su	gele- 怕	+	-su	=	gelesu 胆小鬼
-he	edʒe- 记	+	-he	=	edʒehe 敕书
-ha	hori- 圈起来	+	-ha	=	horiha 圈子
-li	daha- 跟随	+	-li	=	dahali 二家
-bun	edʒe- 记	+	-bun	=	edʒebun 传记
-tʃun	ehe- 变脸	+	-tʃun	=	ehetʃun 嫌隙
-tun	edʒe- 记	+	-tun	=	edʒetun 记录

-lan	daha- 跟随	+	-lan	=	dahalan 随从
-han	hūsi- 裹	+	-han	=	hūsihan 裙子
-hen	su- 解开	+	-hen	=	suhen 注释
-gan	bila- 限制	+	-gan	=	bilagan 限期
-gen	turi- 租	+	-gen	=	turigen 租期
-gon	bodo- 想	+	-gon	=	bodogon 想法

2. 形容词的派生

（1）名词 → 形容词

-ŋga	aniya 年	+	-ŋga	=	aniyaŋga 岁月的

-ŋge	gebu 名字	+	-ŋge	= gebuŋge 著名的
-ŋgo	bonio 猴子	+	-ŋgo	= bonioŋgo 狡猾的

（2）动词 → 形容词

-tʃuka-	nasa- 叹惜	+	-tʃuka	= nasatʃuka 可惜的
-tʃuke	ere- 指望	+	-tʃuke	= eretʃuke 有指望的
-hūn	idʒi- 梳	+	-hūn	= idʒihūn 顺利的
-su	edʒe- 记	+	-su	= edʒesu 有记忆的
-tʃuka	saiʃa- 夸奖	+	-tʃuka	= saiʃatʃuka 可嘉的

-tʃuke　ferguwe-　　＋　　-tʃuke　　＝　　ferguwetʃuke
　　　　惊奇　　　　　　　　　　　　　　　　惊奇的

-hūn　mana-　　＋　　-hūn　　＝　　manahūn
　　　　磨损　　　　　　　　　　　　　　破旧的

-shūn　daha-　　＋　　-shūn　　＝　　dahashūn
　　　　跟随　　　　　　　　　　　　　　随从的

（3）形容词　→　形容词

-ŋgu　ehe　　＋　　-ŋgu　　＝　　eheŋgu
　　　　坏的　　　　　　　　　　　　　庸碌的

-ŋgū　amba　　＋　　-ŋgū　　＝　　ambaŋgū
　　　　大的　　　　　　　　　　　　　魁伟的

1. 数量词的派生

（1）数词　→　数词　　词尾 n 省略

-tʃi　ilan　　＋　　-tʃi　　＝　　ila(n)tʃi
　　　　三　　　　　　　　　　　　　第三

-ta　sundʒa　　＋　　-ta　　＝　　sundʒata
　　　　五　　　　　　　　　　　　　各五

-te　　dehi　　　+　　　-te　　　=　　dehite
　　　　四十　　　　　　　　　　　　　　各四十

（2）数词 → 量词

-ri　　ilan　　　+　　　-ri　　　=　　ila(n)ri
　　　　三　　　　　　　　　　　　　　三次

-ŋgeri　dehi　　　+　　-ŋgeri　　=　　dehiŋgeri
　　　　四十　　　　　　　　　　　　　四十次

2. 动词的派生

（1）名词 → 动词

-na　　niyaki　　+　　　-na　　　=　　niyakina-
　　　　脓　　　　　　　　　　　　　　化脓

-ne　　belhe　　　+　　　-ne　　　=　　belhene-
　　　　粒　　　　　　　　　　　　　　结粒

-no　　mulu　　　+　　　-no　　　=　　muluno-
　　　　山梁　　　　　　　　　　　　　起大梁

-la　　buda　　　+　　　-la　　　=　　budala-
　　　　饭　　　　　　　　　　　　　　做饭

-le	bethe 脚	+	-le	=	bethele- 抵脚睡
-lo	oʃoho 爪	+	-lo	=	oʃoholo- 用爪
-ʃa	ʃusiha 鞭子	+	-ʃa	=	ʃusihaʃa- 抽打
-ʃe	hebe 议	+	-ʃe	=	hebeʃe- 商议
-tu	ulin 财	+	-tu	=	ulintu- 贿赂
-to	holo 虚假	+	-to	=	holoto- 撒谎
-da	arga 办法	+	-da	=	argada- 用计
-de	mergen 智慧	+	-de	=	mergede- 显聪明

-ra	nikan 汉语	+	-ra	=	nikara- 说汉语

（2）形容词 → 动词

-le	beki 结实的	+	-le	=	bekile- 加固
-la	hūdun 快	+	-la	=	hūdula- 加快
-da	faksi 巧妙的	+	-da	=	faksida- 巧用
-de	beliyen 痴呆的	+	-de	=	beliyede- 发呆
-dʒa	hatun 强硬的	+	-dʒa	=	hatundʒa- 坚持
-dʒe	urgun 喜悦的	+	-dʒe	=	urgundʒe- 高兴
-ʃa	maŋga 难	+	-ʃa	=	maŋgaʃa- 为难

76

-ra   amba   +   -ra   =   ambara-
       大的   扩大

-re   ehe   +   -re   =   ehere-
       坏   变坏

（3）形容词 → 动词

-da   ilan   +   -da   =   ilada-
       三   变三

-de   dʒuwe   +   -re   =   dʒuwere-
       二   二心

（4）动词 → 动词

-bu   ubaliya- +   -ra   =   ubaliyara-
       翻   翻译

-kiya aliya-   +   -kiya =   aliyakiya-
       等待   慢慢等待

-ye   ebe-   +   -ye   =   ebeye-
       泡   浸泡

-ŋgiya   bodo-   +   -ŋgiya   =   bodoŋgiya-
          想   琢磨

（5）副词 → 动词

-le   umesi   +   -le   =   umesile
       很   着实

满语中，除了由名词和动词派生名词和动词，在名词或动词词根或词干后面接缀相关构词成分，还可以派生副词或虚词。同样,在副词或虚词词干后面接缀构词成分，还能派生新的名词术语或动词。相比之下，由名词或动词派生新词的实例更多。

二　合成构词法

满语词汇系统中也有不少利用合成形式构成的词，其中由名词类词的合成形式构成的新词比较多。

1. 相近意义的两个名词以合成形式构成的名词

age   +   deo   =   age deo   erin   +   forgon   =   erin forgon
哥哥   弟弟   朋友   时间   季节   光 阴

aniya   +   biya   =   aniya biya   dʒergi   +   taŋkan   =   dʒergi taŋkan
年   月   正月   层   阶   等 级

2. 修饰或偏正关系的两个名词以合成形式构成的名词

tʃirku + heŋke = tʃirku heŋke
枕头　　　瓜　　　冬　 瓜

antʂun + ilha = antʂun ilha
耳坠　　　花　　探春　花

udʒen + tʃooha = odʒen tʃooha
重　　　兵　　　汉　 军

aiʃin + uʃiha = aiʃin uʃiha
金　　　星星　　金　 星

3. 支配关系的名词和动词以合成形式构成的名词

gerhen + umiyame = gerhen umiyame
光　　　吞　　　　黄　　 昏

4. 由两个词义相反的代词以合成形式构成的副词和名词

uttu + tuttu = uttu tuttu
这样　那样　随　 便

uba + tuba = uba tuba
这里 那里 到 处

5. 由两个词义相反的形容词以合成形式构成的名词

ʃanyan + sahaliyan = ʃanyan sahaliyan
白　　　黑　　　　黑　　　白（是非、善恶）

amba + adʒige = amba adʒige
大　　　小　　　大　　　小（尺寸）

此外，满语中也有用数词或动词以合成形式构成一些副词及虚词。总之，满语中用合成构词法构成的词确实有不少。

思考题

一、满语最常见的构词法是什么？

二、满语词汇的词根和词干有什么区别？

第六课
名词类词复数形态变化
语法现象

　　满语有极其复杂多变的语法现象，而这些语法现象几乎都通过词根或词根后面接缀的各种形态变化语法词缀来表现，进而表达不同内涵、不同关系、不同系统及固定形成的深层语法结构规律和体系。而且，这一庞大而极其严密的具有黏着性、可变性、规律性的词缀结构系统，在使用原理和所表达的语法概念方面均有约定俗成的特定内涵。它就像人类大脑不能出现模糊和混乱现象一样，其使用原理和规律绝不能颠倒，否则我们的语言交流就会漏洞百出、语不达意、自相矛盾，最终失去交流的实际效果和意义。所以，满语数量巨大的形态变化语法词缀，是人们学习和掌握满语的重中之重，也是最难学习和弄通的部分。如前面的章节交代，满语分为名词类词和动词类词，这两个不同结构类型的词类均有各自不同而规律严格的语法表现形式、语法范畴、语法体系，并都用特定形态变化语法词缀来表达。名词类词涉及名词、代词、数词和形容词。不过，也有人将可以接缀名词类词形态变化语法现象的部分副动词和形动词等，也放入名词类词形态变化语法现象的分析中一并讨论。根据分析，满语的名词类词，主要有复数、人称、格、级等形态变化语法现象。作为这些形态变化语法现象的表现形式，其语法词缀严格按照各自不同的使用要求和原理，黏着性使用于名词类词词根或词干后面。也就是说，在名词、代词、数词和形容词等名词类词词根或词干后面使用的复数、人称、格、级等形态变化语法现象基本上保持共同性和一致性。例如，复数形态变化语法词缀 -se 在名词类词中的使用关系如下所示：

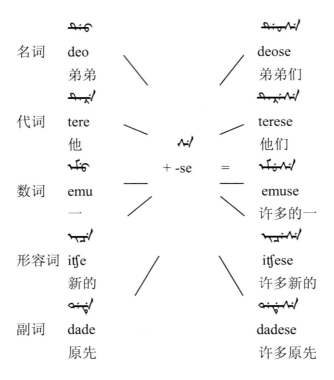

名词	deo 弟弟	deose 弟弟们
代词	tere 他	terese 他们
数词	emu 一	emuse 许多的一
形容词	itʃe 新的	itʃese 许多新的
副词	dade 原先	dadese 许多原先

+ -se =

由以上实例可以看出，复数形态变化语法词缀 -se 以黏着形式接缀于名词 deo "弟弟"、代词 tere "他"、数词 emu "一"、形容词 itʃe "新的"以及副词 dade "原先"等后面时，同样都派生出具有复数概念的名词类词 deose "弟弟们"、terese "他们"、emuse "许多的一"、itʃese "许多新的"、dadese "许多原先"等。也就是说，在这些名词类词后面接缀复数形态变化语法词缀 -se 的情况和原理基本相同，没有什么区别性特征和不同要求条件。正因为如此，我们在具体分析和阐述名词类词的这些形态变化语法词缀时，不逐一论述名词、代词、数词和形容词等后面使用的名词类词复数、人称、格、级形态变化语法现象，而是从名词类词的角度一并讨论。下面，首先分析满语名词类词的复数形态变化语法现象。

我们在这里特别要指出满语复数形态变化现象的缘由是，满语名词类词数形态变化语法现象只有复数有特定词缀，而单数则属于零形式形态变化语法现象，不使用任何形式形态变化语法词缀。正因为如此，我们的讨论主要围绕数语法范畴的复数形态变化语法词缀的使用关系和原理来展开，基本上不涉及名词类词单数形态变化语法现象。满语中有 -sa～-se、-si、-ri、-ta～-te 等复数形态变化语法词缀。这些复数形态变化语法词缀，以黏着形式接缀于名词类词词根或词干，从而表示事物的复数概念。另外，可以看出，复数形态变化语法词缀中 -sa～-se 及 -ta～-te 有元音和谐现象，所以具体使用时 -sa 和 -ta 一般都接缀于由元音 a、o、ū为主构成的名词类词词根或词干，而形态变化语法词缀 -te 和 -se 接缀于由元音 e 为中心构成的名词类词词根或词干。另外，它们分别都可以接缀于由中性元音构成的名词类词词根或词干，但形态变化语法词缀 -te 和 -se 接缀于由中性元音构成的名词类词词根或词干后面的现象占多数。不过，-si、-ri 等形态变化语法词缀没有元音和谐现象，因此使用上不受元音和谐原理的影响和制约，能够接缀于由任何元音构成的名词类词词根或词干。

一　-sa 与 -se 的使用现象及其实例

amban　+　-sa = amba(n)-sa　　ambasa
大的　　　　　　　　　　　　　许多大的

haha　+　-sa = haha-sa　　　　hahasa
男人　　　　　　　　　　　　　男人们

oldʒi	+ -sa = oldʒi-sa	oldʒisa
俘虏		俘虏们

hehe	+ -se = hehe-se	hehese
女人		女人们

gutʃu	+ -se = gutʃu-se	gutʃuse
朋友		朋友们

irgen	+ -se = irge(n)-se	irgese
百姓		百姓们

复数形态变化语法词缀 -sa 与 -se 更多使用于人名或官名等后面。而且，经常会看到将形态变化语法词缀和前面的名词类词分开写的现象。例如，beile se "贝勒们"， beile 指清代皇族爵位。这里就把 beile 和复数形态变化语法词缀 -se 分开写了。事实上，发音时同样是与前面的名词一体性连续发声。

二 -ta 与 -te 的使用现象及其实例

sargan	+ -ta	=	sarga(n)ta
妻子			妻子们

ahūn	+ -ta	=	ahū(n)ta
哥哥			哥哥们

eshen	+ -te	= eshe(n)te
叔叔		叔叔们
deheme	+ -te	= dehemete
姨姨		姨姨们

名词类词复数形态变化语法词缀 -ta 与 -te 一般都使用于亲属称谓或人名等后面，其他情况下很少使用。

三　-si 与 -ri 的使用现象及其实例

aha	+ -si	= ahasi
奴仆		奴仆们
hoʤihon	+ -si	= hoʤihosi
女婿		女婿们
mafari	+ -ri	= mafari
祖先		祖先们

除了以上讨论的名词类词复数形态变化语法词缀，还有像 -sa、-se 及 -so 等表示复数概念的词缀。

waŋ	+ -sa	= waŋsa
王		王们

guŋ	+	-se	=	guŋse
公				公们

gioro	+	-so	=	gioroso
觉罗				觉罗们

moŋgo	+	-so	=	moŋgoso
蒙古				蒙古族人（们）

solho	+	-so	=	solhoso
朝鲜				朝鲜族人（们）

　　其中的 -sa 和 -se 在清代满文献资料里，往往以分离式形式用在名词类词后面。而且，还强调这两个复数形态变化语法词缀主要用于王公贵族称谓后面。这两个形态变化语法词缀，按照满通古斯语族语言复数形态变化语法词缀的使用原理，应该以黏着性结构形式使用于名词类词后面。另外，复数形态变化语法词缀 -so 同样以黏着性结构形式用于名词类词后面，并只使用于族称或皇家贵族姓氏后面。此外，由辅音 s 开头的词缀是满通古斯语族语言最古老的复数形态变化语法词缀，且均有元音和谐规律。在这里还有必要指出的是，我们现已掌握的清代满语资料中，复数形态变化语法词缀主要出现于名词后面，而在代词、数词和形容词等词中使用的实例比较少见，但这不等于不使用于这些名词类词词根或词干。例如，terese（tere-se）"他们"、 tese（te-se）"他们"、emute（emu-te）"许多的一"、ilanta（ila-ta）"许多的三"、bayansa（bayan-sa）"许多富的"、itʃese

（itʃe-se）"许多新的"等，是在表示单数概念的代词 tere"他"以
及非独立使用的代词词根 te-"他"、数词 emu"一"与 ilan"三"、
形容词 bayan"富的"和 itʃe"新的"等后面，以黏着性形式接缀
复数形态变化语法词缀　-se、-te、-ta、-sa 等之后，派生出了 terese、
tese、emute、ilanta、bayansa、itʃese 等表示复数概念的代词、数词和
形容词。

思考题

　　一、满语名词类词复数形态变化语法现象有什么功能和作用？

　　二、满语名词类词复数形态变化语法现象如何表现？

　　三、满语名词类词复数形态变化语法词缀有哪些？

第七课
名词类词格形态变化语法现象

　　名词类词里格形态变化语法现象具有一定代表性而又有很高使用率的实例。其结构系统，包括所表现出的语法概念都相当复杂。其中，除了主格之外的形态变化语法现象均使用约定俗成的词缀系统。值得一提的是，名词类词的格形态变化语法词缀里竟然没有元音和谐现象。按照正常惯例，名词类词复数形态变化语法词缀中有元音和谐现象，所以在格形态变化语法词缀内也应该有元音和谐现象。然而，清代满语如此复杂多变的格形态变化语法词缀系统中，却没有出现元音和谐现象。如表 7-1 所示：

表 7-1　　　　　　　　　　满语格形态变化语法词缀系统

序号	格词缀	满语
1	主格	无专用词缀，用名词类词的词根或词干形式表示
2	领格	-ni～-i
3	宾格	-be
4	位格	-de
5	与格	-de
6	从格	-tʃi～-deri
7	经格	-be
8	比格	-tʃi～-deri
9	方向格	-də～-tʃi
10	造格(工具格)	-ni～-i
11	离格	-tʃi

表 7-1 里出现的格形态变化语法词缀，在满语名词类词词干或词根后面均可以黏着性形式使用。另外，如表 7-1 所示，满语格语法范畴里主格语法概念要用名词类词词根或词干形式表示，不需要任何形态变化语法词缀，也就是属于零结构类型的形态变化语法现象。而且，我们还发现在满语名词类词格形态变化语法词缀系统内，出现位格和与格所使用的形态变化语法词缀 -de，同方向格形态变化语法词缀 -de 相一致。这就是说，格形态变化语法词缀 -de 同时兼备表达位格、与格及方向格三种格的语法作用和功能。与此相关，领格和造格、从格与比格两套格形态变化语法词缀分别用 -ni 或 -i、-tʃi 或 -deri 等完全相同的语音结构形式来表示。同时，也看到离格和方向格形态变化语法词缀，同样出现使用 -tʃi 的现象。从这个角度来讲，形态变化语法词缀 -ni 和 -i 及 -deri 均可表达两个不同格的语法概念，而形态变化语法词缀 -tʃi 则用于表示从格、比格、方向格和离格四种不同格概念。那么，我们在语句中区分这些语音结构完全相同的格形态变化语法词缀的不同语法意义时，主要紧密结合整个语句要表达的意思及前后词，包括弄清前后词所使用的形态变化语法词缀等情况。在此基础上，我们才能够正确认识或判断相同语音结构形式的格形态变化语法词缀表达的不同语法意义。否则，对于我们的分析和认知，乃至给语句概念的正确而精准的把握都会带来许多困难。不过,也有学者将同一个语音结构类型的格形态变化语法词缀，捆绑到一起分析讨论。例如，把位格和与格的形态变化语法词缀 -de 合并成位与格或位格一并讨论，将从格、比格及离格的形态变化语法词缀 -tʃi 也归类为从比格或离比格范畴一同分析。问题是，不论是叫位与格还是叫从比格，在具体讨论时同样都要把位与格分成位格和与格两个部分，分别进行列举说明和分析。同样，从比格或离比格的研究也将从格、比格及离格都分开，从不同格语法概念的角度分别阐述。所以，我们认为同一个语音结构类型的格形态变化语法词缀，既然能够表达不同语法意义，就应该明确它们的不同功能和作用，从不同角度进行解释和说明。以下对满语十种格形态变化语法词缀及其在语句中具体发挥的功能和作用展开分别列举说明和讨论。

一　主格

满语名词类词的主格形态变化语法现象属于零形式结构类型。也就是说，名词类词主格没有约定俗成的形态变化语法词缀，是用没有接缀任何格形态变化语法词缀的名词类词来表示其语法概念。例如：

sefu	kitʃen	tatʃiburenin	ʤatʃi	sain
老师	课	讲得		很	好

老师讲课讲得很好。

tere	otʃi	emu	toni	sefu
他	是	一	数学	老师

他是一位数学老师。

sunʤa	otʃi	emu	sain	ton
五	是	一	好	数字

五是一个好数字。

fulgiyan	entʃushūn	saikan	tuwabumbi
红	特别	漂亮	看

红看起来特别漂亮。

以上四个短句里句首出现的名词 sefu "老师"、代词 tere "他"、数词 sunʤa "五"、形容词 fulgiyan "红的" 等名词类词，均属于零形态变化语法词缀的主格现象，它们都是名词类词本身具有的语音结构类型，在没有接缀任何格形态变化语法词缀的前提下表达了主格语法概念。

二 领格

满语领格要用形态变化语法词缀 -ni 或 -i 来表示。可以看出，这两个领格形态变化语法词缀均由中性元音或以中性元音为主构成。所以，能够使用于由不同元音构成的名词类词后面。需要说明的是，由鼻辅音 ŋ 结尾的名词类词后面接缀形态变化语法词缀 -ni，由鼻辅音 ŋ 之外的辅音及元音结尾的名词类词后面几乎都要接缀形态变化语法词缀 -i。领格形态变化语法词缀接缀于名词类词后面时，主要表示人或事物间的领属关系，其语法概念相当于汉语的"的"。例如：

| **eniye-i** | etuku | umesi | saikan |
| 母亲的 | 衣服 | 非常 | 漂亮 |

母亲的衣服非常漂亮。

| **ahūn-i** | mahala | nade | tuhehe |
| 哥哥的 | 帽子 | 地 | 掉了 |

哥哥的帽子掉在地上了。

| **muse-i** | non | tʃimari | tusumbi |
| 咱们的 | 妹妹 | 明天 | 出嫁 |

咱们的妹妹明天出嫁。

| **taŋgū-i** | dehibe | toodamebumbi |
| 百 | 四十 | 偿还 |

偿还百分之四十。

niowaŋgiyani botʃo otʃi sain

绿的　　　　颜色　是　好

绿颜色好。

这些句子的句首使用的名词 eniye "母亲" 和 ahūn "哥哥"、代词 muse "咱们"、数词 taŋgū "百"、形容词 niowangiyan "绿的" 等，按照使用规定分别接缀了领格形态变化语法词缀 -i 和 -ni，从而构成表示领格语法概念的名词类词 eniyei（eniye-i）"母亲的"、ahūni（ahūn-i）"哥哥的"、musei（muse-i）"咱们的"、taŋgūi（taŋgū-i）"一百的"、niowangiyani（niowangiyan-i）"绿的"。虽然在早期清代满语教材里，领格形态变化语法词缀 -ni 只接缀于由鼻辅音 -ŋ 结尾的名词类词后面，但像 ʃini "你的"、suweni "你们的"、ini "他的" 等代词里，领格形态变化语法词缀 -ni 却分别接缀于代词词根 ʃi-、su-、i- 等后面。由此，我们也假定复数形态变化语法词缀 -ni 能够接缀于由元音结尾的名词类词后面的实际情况。其实，在满通古斯语族语言内，名词类词均有领格形态变化语法词缀 -ni。而且，该词缀接缀于由鼻辅音 n 或 ŋ 结尾的名词类词后面时，其词尾鼻辅音 n 或 ŋ 被省略。不过，也有专家认为，接缀 -ni 时不是名词类词词尾鼻辅音被省略，而是领格形态变化语法词缀 -ni 的鼻辅音脱落而演化为 -i。我们认为，在由鼻辅音 n 或 ŋ 结尾的名词类词后面接缀领格形态变化语法词缀 -ni 时，从名词类词词尾鼻辅音被省略的角度去分析比较合情合理，也符合该形态变化语法词缀的使用原理。此外，满语里还有一些由鼻辅音 n 或 ŋ 开头的黏着性形态变化语法词缀，对此都从 -ni 的辅音发生脱落角度解释就会变得十分麻烦，也不符合对满通古斯语族语言此类语音结构类型的形态变化语法词缀的科学有效解释和使用。还有必要指出的是，名词类词领格形态变化语法词缀 -i 或 -ni 使用于名词类词后面时，也存在以非黏着性形式分开写的现象。换言之，在数量可观的清代文献资料中，把名词类词领格形态变

化语法词缀 -i 或 -ni 以分离式结构类型使用于名词类词后面的实例，也有以黏着性结构类型接缀于名词类词后面的现象。根据满通古斯语族语言形态变化语法词缀使用原理，以及实际发音情况和语用现象来分析，它们应该是以黏着性结构类型接缀于名词类词后面。另外，满语名词类词格语法范畴的领格形态变化语法词缀 -ni 和 -i 在同一个句子内有多次出现的情况。例如，mini booi utʃei dʒulergide emu morin bimbi "我们家门口有一匹马"。显然，该句子里的代词 mini（min-i）"我的"、名词 booi（boo-i）"家的"和 utʃei（utʃe-i）"们的"等后面连续接缀了领格形态变化语法词缀 -i。实际上，满语中领格形态变化语法现象多次出现的实例确实不少。

三　宾格

如表 7-1 所示，满语名词类词宾格形态变化语法词缀由 -be 这一语音结构形式构成。该词缀虽然由阴性元音 e 为主构成，但也可以接缀于由阳性元音或中性元音构成的名词类词后面。宾格形态变化语法词缀使用于名词类词后面时，主要表示动作行为的受事方，其包含的语法概念相当于汉语的"把"。例如：

sefu	ʃabi-be	saiʃiha
老师	学生把	表扬了

老师表扬了学生。

bi	tere-be	tatʃikūde	benembi
我	他把	学校	送去

我现在把他送去学校。

age   minde   **sundʒa-be**   buhe

哥哥   我   五把   给了

哥哥给了我五把。

mini   non   **fulgiyan-be**   udaha

我   妹妹   红的   买了

我妹妹买了红的。

可以看出，这四个短句中名词 ʃabi "学生"、代词 tere "他"、数词 sundʒa "五"、形容词 fulgiyan "红的" 后面，分别接缀了宾格形态变化语法词缀 -be，从而构成具有宾格形态变化语法概念的 ʃabibe（ʃabi-be）"把学生"、terebe（tere-be）"把他"、sundʒabe（sundʒa-be）"把五"、fulgiyanbe（fulgiyan-be）"把红的"等。需要提出的是，清代满文资料里，更多是将宾格形态变化语法词缀 -be 以非黏着形式使用，而不是黏着性接缀于名词类词后面。例如，ʃabibe、terebe、sundʒabe、fulgiyanbe 等接缀宾格形态变化语法词缀的名词类词，清代满文资料里更多写作 ʃabi be、tere be、sundʒa be、fulgiyan be 等，即把名词类词 ʃabi、tere、sundʒa、fulgiyan 等同宾格形态变化语法现象的表现形式 -be 分开来写。这或许是受蒙古文将形态变化语法词缀与前置词分开书写格式影响。但按照满通古斯语族语言格形态变化语法词缀使用原理，应该以黏着性结构类型来写或表示。特别是，将书面语用转写符号记写时，应该使用黏着结构类型，这样更能够凸显形态变化语法词缀同前置词不可分割的整体性结构关系。

四　与格

满语名词类词有表示人或事物给予关系的与格形态变化语法词

缀 -de。显然，该词缀也是以阴性元音 e 为主构成，但它可以使用于由阴性元音和阳性元音及中性元音构成的名词类词后面，进而表示人或事物间产生的给予关系，其表达的语法概念相当于汉语的"给予"。例如：

mini	morinbe	**age-de**	buhe
我的	马	哥哥给予	给

我把马给了哥哥。

sefu	bithebe	**min-de**	bederebuhe
老师	书把	我给予	还给

老师把书还给我了。

　　根据现在所掌握的清代满文资料，接缀有与格形态变化语法词缀 -de 的名词类词前往往使用接缀宾格形态变化语法词缀 -be 的名词类词。上面的两个短句里也是如此，接缀与格形态变化语法词缀的名词 age "哥哥"和代词 min "我的"等前的名词 morin "马"与 bithe "书"都接缀了宾格形态变化语法词缀 -be。这也是我们能够区分具有同样语音结构形式的形态变化语法词缀 -de 所表达的与格语法概念的一个重要依据。也就是说，格形态变化语法词缀 -de 表示与格语法概念时，前置名词类词要接缀宾格形态变化语法词缀。还需要说明的是，在清代满语资料中，与格形态变化语法词缀绝大多数情况下都以分离式非黏着性形式书写。

五　位格

　　满语名词类词的位格也称作位置格，主要表示人或事物所处的位置，同样用形态变化语法词缀 -de 来表达该语法概念，当然 -de 也无区别地用于由不同元音构成的名词类词后面。例如：

mini　　morin　　ʤulergi　　**alin-de**　　bi
我的　　马　　　南　　　　山在　　　　在
我的马在南山。

ere　　bithe　　**suwe-de**　　bihe
这　　书　　　你们在　　　在
这本书在你们那里。

terei　　non　　**emu-de**　　ilibuha
他的　　妹妹　　一　　　在 站立
让他妹妹站在一那里。

agei　　mahala　　**den-de**　　sindaha
哥哥的　　帽子　　高的在　　　放
把哥哥的帽子放在了高处。

aʤige　　**amba-de**　　gidabuha
小　　　大在　　　　压
小的被压在了大的下面。

满语名词类词位格形态变化语法词缀 -de，在上面的五个句子内分别使用于名词 alin "山"、代词 suwe "你们"、数词 emu "一"、形容词 den"高的"和 amba"大的"等后面，从而表示 morin"马"、bithe"书"、non "妹妹"、mahala "帽子"、adʒige "小的"的所处位置，充分发挥了位格具有的语法功能和作用。另外，位格形态变化语法词缀往往要以分离式非黏着性结构使用。其使用现象同与格使用说明中所提出的实例完全一致。

六 从格

满语名词类词格形态变化语法现象里，用词缀 -tʃi 或 -deri 表达从格语法概念，主要表示与人或事物密切相关的动作行为发出的地点、处所、位置等。其语法意义相当于汉语的"从"。例如：

non	tʃimari	**bedʒiŋ-tʃi**	dʒimbi
妹妹	明天	北京　从	来

妹妹明天从北京来。

bi	**ere-tʃi**	yabumbi
我	这 从	走

我从这条路走。

si	terebe	**sundʒa-deri**	toloki
你	它	五 从	点数

你把它从五开始点数。

ere　baitabe　**sain-deri**　bodombi

这　事　好　从　想

此事我从好处想。

mini　eniye　sikse　**hoton-deri**　ʤihe

我　妈妈　昨天　城　从　来了

我妈妈昨天从城里来了。

　　名词类词从格形态变化语法词缀 -deri 和 -tʃi，在上述五个短句里，以黏着性结构类型用于名词 beʤin "北京"、ere "这"、hoton "城"，数词 sunʤa "五"，形容词 sain "好的" 后面，构成包含从格形态变化语法现象的名词类词 beʤintʃi（beʤin-tʃi）、eretʃi（ere-tʃi）、hotonderi（hoton-deri）、sunʤaderi（sunʤa-deri）、sainderi（sain-deri）。表达了具有从格形态变化语法的名词 "从北京"、名词 "从这"、数词 "从五"、形容词 "从好" 及名词 "从城市" 等。比较而言，从格形态变化语法词缀 -deri 所表示的内涵比 -tʃi 更具体清楚，所以有更高的使用率。

七　经格

　　名词类词形态变化语法词缀 -be 能够表示经格语法概念，用于表达经格语法意义的名词类词后面。具体分析的时候，主要看句子所要表达的语法概念。因为在实际使用时，没有十分明确的区别性特征。经格表达的璱法概念相当于汉语的 "经" 或 "经过"。例如：

tere　niyalma　**alin-be**　duleme　ʤihe

那　人　山经　过　来的

那人是经过山来的。

tatʃikūde	genetʃi	**ere-be**	yabumbi
学校	去	这经	走

去学校经这里走。

mini	non	**hūdun-be**	genebuhe
我	妹妹	快经	去

我妹妹经快路去的。

ere	sedʒen	bei	**boo-be**	duleme	yabuha
这	车	我们	家 经	过	走了

这辆车经过我们家走了。

上述四个短句中，先后出现接缀经格形态变化语法词缀 -be 的名词 alinbe（alin-be）、代词 erebe（ere-be）、形容词 hūdunbe（hūdun-be）及名词 boobe（boo-be）等，在句子中分别表示包含经格形态变化语法概念的"经山""经这里""经快""经家"等词义。毫无疑问，由非元音和谐规律构成的经格形态变化语法词缀 -be，在使用上不受元音和谐规律的影响和制约。

八　比格

满语名词类词比格形态变化语法概念的表现形式，同从格形态变化语法词缀一样，用 -tʃi 或 -deri 两个词缀来表示。而且，在使用上同样没有特别强调说明的区别性关系和特征，主要根据句子表达的不同语法意义来区分其具体含义。毋庸置疑，比格形态变化语法词缀所表达的是相当于汉语的"比"之意。例如：

mini　　　age　　　**deo-deri**　　den
我的　　　哥哥　　　弟弟比　　　高
我哥哥比弟弟高。

musei　　　gaʃan　　　**hoton-tʃi**　　hantʃi
我们的　　　乡村　　　城市比　　　　近
我们的乡村比城市近。

si　　　**mini-deri**　　　bayan
你　　　我比　　　　　富
你比我富。

taŋgū　　　**uyunʤu-tʃi**　　　sain
百　　　　九十比　　　　　好
一百比九十好。

hūdun　　　seʤen　　　**elhe-deri**　　hūdun
快的　　　车　　　　慢　比　　　　快
快车比慢车要快。

　　上述短句中，接缀有比格形态变化语法词缀 -deri 或 -tʃi 的名词 deoderi（deo-deri）与 hotontʃi（hoton-tʃi）、代词 minideri（mini-deri）、数词 uyunʤutʃi（uyunʤu-tʃi）、形容词 elhederi（elhe-deri），主要表示"比弟弟""比城市""比我""比九十""比慢"等具有比格形态变化语法概念的名词类词。比格形态变化语法词缀除在语法概念上与从格不同之外，其用法或使用条件和原理与从格没有明显区别。

九　方向格

　　根据现已掌握的资料，作为满语名词类词方向格形态变化语法现象的表现形式 -də 与 -tʃi，在其语音结构方面都与相关格词缀完全相同。例如，方向格形态变化语法词缀 -də 同位格和与格词缀 -de 一致，而方向格形态变化语法词缀 -tʃi 又跟比格和从格形态变化语法现象中使用的词缀 -tʃi 相同。尽管如此，通过全面分析研究，能够明确分辨形态变化语法词缀 -de 与 -tʃi 在句子中表达的方向格语法概念。方向格形态变化语法词缀在名词类词后面使用时，主要表示相当于汉语的"向""朝""往"等指向性语法意义。例如：

tere	sedʒen	**alin-de**	yabumbi
那	车	山	走

那辆车朝山的方向走。

si	uthai	**min-de**	feksime	dʒihe
你	就	我朝	跑	来

你就朝我跑过来。

non	**taŋgū-tʃi**	faʃʃambi
妹妹	百	努力

妹妹向一百冲刺。

tere	niyalma	alini	**den-tʃi**	mitʃumbi
那	人	山	高	攀登

那人向山顶攀登。

不难看出，这四个短句里，在名词 alin"山"、代词 min-"我的"、数词 taŋgū"百"、形容词 den"高的"后面，分别接缀方向格形态变化语法词缀 -de 或 -ʧ，派生出包含方向格语法概念的名词类词 ialinde（ialin-de）"往山"、minde（min-de）"朝我"、taŋgūʧi（taŋgū-ʧi）"向一百"、denʧi（den-ʧi）"向高"。其中，min- 是具有非独立性使用功能的单数第一人称代词。方向格形态变化语法词缀 -de 或 -ʧi，在语音结构及使用关系、使用条件和使用原理等方面同相关格形态变化语法词缀保持了一致性。

十　造格

造格也称工具格，满语名词类词造格形态变化语法现象同领格一样，也用 -ni 和 -i 两个形态变化语法词缀来表示，在使用原理和方法上也和领格完全一致，只是在所要表达的语法内涵上有鲜明区别。也就是说，造格形态变化语法词缀表现出相当于汉语"用"的语法概念。例如：

gutʃu	suhe-i	moobe	satʃimbi
朋友	斧子用	树	砍

朋友用斧子砍树。

bi	suwe-i	morin	ʤafabuha
我	你们用	马	抓

我用你们抓了马。

tere	emu-i	gebu	algibuha
他	一用	名字	扬名

他用一（第一）出名了。

bi	**niowaŋgiyan-i**	sidʒigiyan	ufimbi
我	绿的（布料）用	长袍	缝制

我用绿的（布料）缝制长袍。

在上面的四个短句里，造格形态变化语法词缀 -ni 和 -i 分别使用于名词 suhe "斧子"、代词 suwe "你们"、数词 emu "一"、形容词 niowangiyan "绿的" 后面，构成接缀有造格形态变化语法词缀的名词类词 suhei（suhe-i）、代词 suwei（suwe-i）、形容词 emui（emu-i）、形容词 niowangiyani（niowangiyan-i），表达了 "用斧子" "用你们" "用一" "用绿的" 等名词类词所承担的造格语法概念。除此之外，也可以用形态变化语法词缀 -de 来表示造格语法意义。例如，fara-de genembi "用雪橇去"、hadan-de hadambi "用钉子钉" 等。相比之下，造格形态变化语法词缀 -i 有很高的使用率，而 -ni 和 -de 的使用率都很低。

十一　离格

满语名词类词的离格形态变化语法词缀由 -tʃi 来充当。而且，该词缀与从格、比格、方向格使用的形态变化语法词缀 -tʃi 相一致，只是表现出的语法概念不同而已。在这里，它所表达的是相当于汉语中 "离" 之语义意义。例如：

mini	boo	**tatʃikū-tʃi**	hantʃi
我的	家	学校	离	近

我家离学校近。

tere	niyalma	**min-tʃi**	hantʃi
那	人	我离	近

那个人离我近。

bi	**ilatʃi-tʃi**	goro	bi
我	第三离	远	在

我离得第三远。

age	**bayan-tʃi**	umesi	goro	bi
哥哥	富离	非常	远	在

哥哥离富还差很远。

上面的四个短句内，离格形态变化语法词缀 -tʃi 先后接缀于名词 tatʃikū、代词 min、数词 ilatʃi、形容词 bayan后面，进而派生出包含离格形态变化语法概念的名词类词 tatʃikūtʃi（tatʃikū-tʃi）、代词 mintʃi（min-tʃi）、数词 ilatʃitʃi（ilatʃ-tʃi）、形容词 bayantʃi（bayan-tʃi）。

总而言之，满语名词类词格形态变化语法范畴有主格、领格、宾格、与格、位格、从格、经格、比格、方向格、造格、离格 11 个格形态变化语法现象。其中，除了主格之外，均使用约定俗成的形态变化语法词缀。需要特别说明的是，清代文献资料或教材中，这些格形态变化语法词缀绝大多数情况下以分离式非黏着性结构类型使用。这或许是受当时蒙古语书面语影响的结果，在满语口语或满通古斯语族语言中，格形态变化语法词缀都是用黏着性结构类型在名词类词词根或词干后面使用。此外，满通古斯语族语言和蒙古语族语言是世界上公认的黏着语，其构词词缀和语法词缀都是以非分离式黏着性结构使用于名词类词词根或词干后面，而不是用分离式非黏着性结构使用于名词类词词根或词干。所以，在遵从满语本身具有的结构特征，用特定符号系统进行转写时，均用非分离式黏着性结构将词根或词干同格形态变化语法词缀连接在一起。从名词类词及格形态变化语法词缀融为一体的词义及语法概念的角度，客观真实地反映名词类词及形态变化语法词缀非分离式黏着性结构关系。

当然，满语名词类词格形态变化语法词缀中，有不少在语音结构方面完全相同而表达不同语法概念的实例。例如，格形态变化语法词缀 -de 出现于表达位格、与格、方向格三种不同格的形态变化语法概念的句子。此外，格形态变化语法词缀 -tʃi 也能够表示从格、比格、离格三种不同格形态变化语法概念。再说，格形态变化语法词缀 -be、-deri、-ni、-i 分别表达宾格与经格、从格及比格、领格和造格的形态变化语法概念。这就是说，满语名词类词格形态变化语法现象中，很少有表示单一语法概念的词缀，基本上都是表示两个或三个不同格形态变化语法概念。由此，有人提出来，可否将相同语音结构类型的格形态变化语法词缀放在一起，分析其在不同句子中发挥的区别性功能和作用。我们认为，与其放在一起进行分别讨论，不如各自单独划分出来，从不同语法功能和作用的角度进行论述更有针对性、精确性和实用性。在满语名词类词里，格形态变化语法词缀有相当高的使用率，当名词类词在句中使用时，该语法现象有其不可或缺的重要地位和意义。

思考题

一、满语名词类词格形态变化语法现象有什么功能和作用？

二、满语名词类词格形态变化语法现象如何分类？

三、如何辨别满语名词类词中相同语音结构的格形态变化语法词缀？

第八课
名词类词级形态变化
语法现象

　　满语名词类词除了有数形态变化语法现象和格形态变化语法现象，还有表示人或事物不同层级的结构性特征、形状、性质及其动作行为状态的级形态变化语法现象。而且，根据其在不同层级内具体发挥的功能和作用及其区别性关系，可以分为一般级、次低级、低级、最低级、次高级、高级、最高级七个层级。其中，一般级属于名词类词词根或词干形式构成的原有结构形式，也称名词类词的原型，这是指没有接缀任何级形态变化语法词缀，以及其前面没有使用特定程度副词的形容词基本型。从次低级到最高级的六个级形态变化语法现象，均有约定俗成的词缀或特定使用规则。例如，满语名词类词次低级、低级、最低级、次高级形态变化语法现象都有约定俗成而非分离式黏着性结构类型词缀系统。另外，高级和最高级形态变化语法现象不使用约定俗成的词缀系统，而是借助名词类词前以分离式非黏着性结构类型使用程度副词的原理表示其语法概念。有必要指出的是，满语名词类词级形态变化语法现象更多使用于形容词表示不同级的语句中。然而，在名词类词的名词、代词或数词等的使用中，级形态变化语法现象的出现率比较低。但也不能因此而否定在形容词之外的名词类词中使用级形态变化语法词缀的事实。比如，以名词 koro "毒"、代词 tuttu "那样"、数词 emutʃi "第一" 等为例：

1. koro "毒"（一般级）→ korosoka "略毒"（次低级）→ korokon "略微毒"（低级）→ korosokokon "略微毒一点"（最低级）→ koroŋgo "强一点的毒"（次高级）→ umesi koro "很强的毒"（高级）→ ʤatʃi koro "最强的毒"（最高级）；

2. tuttu "那样"（一般级）→ tuttusoka "略那样"（次低级）→ tuttukon "略微那样"（低级）→ tuttusokokon "略微那样一点"（最低级）→ tuttuŋgo "确实那样"（次高级）→ umesi tuttu "很像那样"（高级）→ ʤatʃi tuttu "最像那样"（最高级）；

3. emutʃi "第一"（一般级）→ emutʃiseke "略第一"（次低级）→ emutʃiseken "略微第一"（低级）→ emutʃisekeken "略微第一一点"（最低级）→ emutʃiŋge "确实第一"（次高级）→ umesi emutʃi "很第一"（高级）→ ʤatʃi emutʃi "最第一"（最高级）等。

在上述名词 koro "毒"、代词 tuttu "那样"、数词 emutʃi "第一" 前后无一例外地使用了从一般级到最高级的级形态变化语法现象的不同表现形式，以及不同层级的不同结构类型。尽管如此，在清代满文文献资料里，名词类词级形态变化语法现象、结构特征、使用关系更多在形容词中出现，在其他名词类词里出现得较少。这跟形容词要表达的不同人或事物的不同层级的性质、特征、状态等有其必然关系。在此方面，名词类词级形态变化语法现象发挥着极重要的作用。因此，下面分析名词类词级形态变化语法现象时，主要以形容词为例展开讨论。

表 8-1　　　　　　　满语级形态变化语法现象分类及结构特征

序号	分类	不同级的表现形式	汉义
1	一般级	无特定词缀，用名词类词的原形或基本型来表示	
2	次低级	-saka、-seke、-soka、-kasi、-kesi、-kosi	略
3	低　级	-kan、-ken、-kon	略微

序号	分类	不同级的表现形式	汉义
4	最低级	-sakakan、-sekeken、-sokokon、-kasaka、-keseke、-kosoko	略微……一点
5	次高级	-ŋga、-ŋge、-ŋgo、-ŋgu	高高的
6	高　级	-umesi、-nokai	很
7	最高级	ʤatʃi	最

一　一般级

如前文所述，满语名词类词级形态变化语法现象中，一般级语法概念也不使用非分离式黏着性词缀，以及分离式非黏着性结构类型表现手段，而是用形容词词根或词干形式来表示。例如：

1. 一般级性质形容词

sain　　　　　itʃe
好的　　　　　新的

2. 一般级颜色形容词

ʃanyan　　　　ʃuʃu
白的　　　　　紫的

3. 一般级形状形容词

den　　　　　amba
高的　　　　　大的

4. 一般级状态形容词

hūdun	goro
快的	远的

5. 由名词派生而来的一般级形容词

algiŋga	algin	+	ŋga
名望			有名的
gebuŋge	gebu	+	ŋge
名字			著名的

6. 由动词派生而来的一般级形容词

anahūn	ana-	+	-hūn
推			谦让的
elehun	ele-	+	hun
吃饱			富裕的

一般级形容词在句子中的使用情况如下：

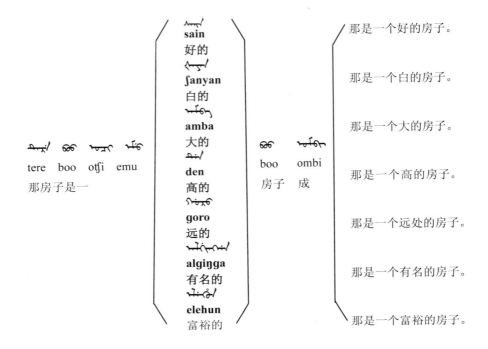

显然，上面的短句里形容词 sain"好的"、ʃanyan"白的"、amba"大的"、den"高的"、goro"远的"，由名词 algin"名望"接缀构词词缀 -ŋga 派生的形容词 algiŋga"有名的"，以及动词词根 ele-"富有"接缀构词词缀 -hun 而派生的形容词 elehun"富裕的"，均属于常用型或原型语音结构类型。它们在没有接缀任何级形态变化语法词缀的条件下，表达了形容词一般级语法概念。

二　次低级

名词类词次低级形态变化语法现象，主要表示比一般级形容词低一级的人或事物性质、特征、状态等。而且，在句子中要用非分离式黏着性结构类型的形态变化语法词缀 -saka、-seke、-soka、-kasi、-kesi、-kosi 等表达。满语名词类次低级形态变化语法现象，表示的级形态变化语法概念相当于汉语的"略"。再说，该词缀系统有元音和谐现象，所以使用时要遵从元音和谐规律。例如：

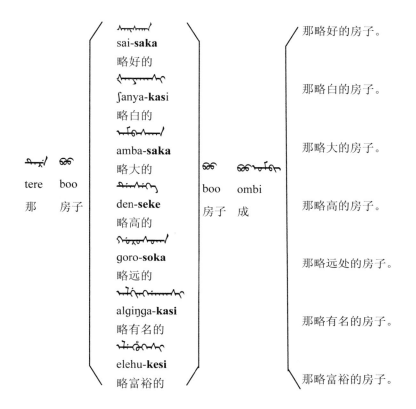

上面的短句里，一般级形容词 sain "好的"、ʃanyan "白的"、amba "大的"、den "高的"、goro "远的"、algiŋga "有名的" 和 elehun "富裕的" 等后面，根据元音和谐规律先后接缀了次低级形态变化语法词缀 -saka、-kasi、-seke、-soka、-kesi 等，由此构成具有次低级形态变化语法概念的形容词 saisaka "略好的"、ʃanyakasi "略白的"、ambasaka "略大的"、deseke "略高的"、gorosoka "略远的"、algiŋgakasi "略有名的" 和 elehukesi "略富裕的" 等次低级形态变化语法现象的形容词。比较而言，次低级形态变化语法词缀 -saka、-seke、-soka 的使用率比 -kasi、-kesi、-kosi 的使用率要高一些。由鼻辅音结尾的一般级形容词后面，接缀次低级形态变化语法词缀时，位于词尾的鼻辅音都要被省略。此外，满语形容词次低级语法概念也有用形态变化语法词缀 -liyan 和 -liyen 表示的情况。例如，

ambaliyan（amba 大的 -liyan）"略大的"、it∫e-liyen（it∫e 新的 -liyen）
"略新的"等。

三　低级

根据现已掌握的资料，满语名词类词低级形态变化语法词缀有
-kan、-ken、-kon 等。这套词缀同样根据元音和谐原理接缀于一般
级形容词后面，进而表示比低级形容词更低一级的人或事物之性
质、特征、状态等。同样，在句子中，低级形态变化语法词缀要以
非分离式黏着性结构类型使用。它们在语句中表达的级形态变化语
法概念相当于汉语的"略微"。例如：

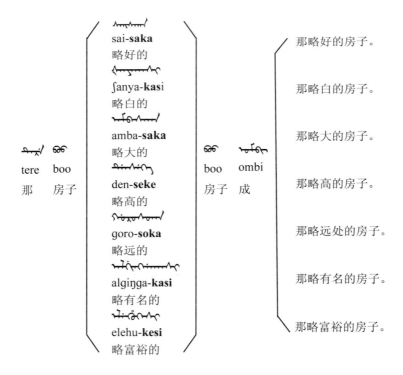

		sai-saka 略好的		那略好的房子。
		∫anya-kasi 略白的		那略白的房子。
		amba-saka 略大的		那略大的房子。
tere 那	boo 房子	den-seke 略高的	boo 房子	ombi 成	那略高的房子。
		goro-soka 略远的		那略远处的房子。
		algiŋga-kasi 略有名的		那略有名的房子。
		elehu-kesi 略富裕的		那略富裕的房子。

上面的短句里，一般级形容词 sain "好的"、∫anyan "白的"、
amba "大的"、den "高的"、goro "远的"及 algiŋga "有名的"

和 elehun "富裕的" 等，分别按元音和谐规律，先后接缀了低级
形态变化语法词缀而变成表示该语法概念的低级形容词 saikan
"略微好的"、ʃayakan "略微白的"、ambakan "略微大的"、deken
"略微高的"、gorokon "略微远的"、algiŋgakan "略微有名的"
和 elehuken "略微富裕的" 等。

四　最低级

满语名词类词中还有最低级形态变化语法现象，且要用形态变
化语法词缀 -sakakan、-sekeken、-sokokon 以及 -kasaka、-keseke、
-kosoko 来表示最低级形容词语法概念。很有意思的是，满语形容词
最低级形态变化语法词缀几乎是由低级和次低级形容词形态变化语
法词的重叠使用形式构成。也就是说，最低级形态变化语法词缀
-sakakan、-sekeken、-sokokon 是在次低级形态变化语法词缀 -saka、
-seke、-soka 等后面接缀低级形态变化语法词缀 -kan、-ken、-kon 而
构成的。此外，最低级形态变化语法词缀 -kasaka、-keseke、-kosoko
是在低级形容词形态变化语法词缀 -kan、ken、-kon 后面接缀次低级
形容词形态变化语法词缀 -saka、-seke、-soka 而构成，并省略了 -kan、
-ken、-kon 末尾的鼻辅音 n。总之，最低级形态变化语法词缀，接
缀于形容词等名词类词后面，表达比低级更低一级的人或事物性质、特
征、状态等，相当于汉语的 "略微……一点……" 之意。例如：

tere boo
那 房子

sai-sa**kakan** 略微好一点的	那略微好一点的房子。
ʃanya-**kasaka** 略微白一点的	那略微白一点的房子。
amba-**sakakan** 略微大一点的	那略微大一点的房子。
de-se**keken** 略微高一点的	那略微高一点的房子。
goro-**sokokon** 略微远一点的	那略微远一点的房子。
algiŋga-**kasakan** 略微有名一点的	那略微有名一点的房子。
elehu-**keseken** 略微富一点的	那略微富一点的房子（家）。

boo ombi
房子 成

　　显然，以上例句内一般级形容词 sain "好"、ʃanyan "白的"、amba "大的"、den "高的"、goro "远的"、algiŋga "有名的"、elehun "富裕的"等，先后根据元音和谐规律接缀最低级形态变化语法词缀而变成表达低级形态变化语法概念的形容词 saisakaken "略微好一点的"、ʃanyakasaka "略微白一点的"、ambasakakan "略微大一点的"、desekeken "略微高一点的"、gorosokokon "略微远一点的"、algiŋgakasakan "略微有名一点的"、elehukeseken "略微富一点的"等。而且，接缀最低级形容词形态变化语法词缀时，一般级形容词词尾声的鼻辅音几乎都被省略掉。

　　另外，从上面实例还可以看出，次低级形态变化语法词缀 -soka 末尾使用的短元音 a 被前后出现的元音同化为 o 音，这使原本是 -sokako 的发音形式演变为 -sokoko。此外，次低级和低级形态变化语法词缀的相互结合都遵从了约定俗成的元音和谐规律。有必要说明的是，最低级形态变化语法词缀 -sakakan、-sekeken、-sokokon 等往往

用于一般性交流，而 -kasaka、-keseke、-kosoko 等使用于具有一定强
调意义的语句。当然，这也不能一概而论，这两套最低级形态变化语
法词缀在实际使用中也有混用现象。

五　次高级

在形容词里，次高级形态变化语法概念主要用非分离式黏着性结
构类型词缀-ŋga、-ŋgə、-ŋgo、-ŋgu 来表示。这套形态变化语法现象，
接缀于一般级形容词后面时，要表示人或事物性质、特征、状态等的
次高级语法意义，相当于汉语内形容词的重复使用概念，比如，"高
的"的次高级概念应该是"高高的"之意。次高级形态变化语法词缀
的使用，同样符合元音和谐规律。例如：

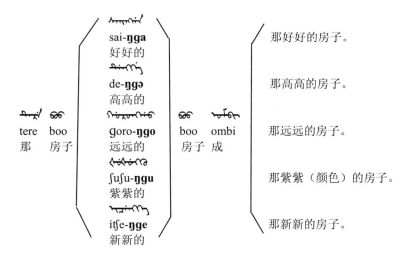

tere	boo	sai-ŋga 好好的		那好好的房子。
那	房子	de-ŋgə 高高的		那高高的房子。
		goro-ŋgo 远远的	boo ombi 房子 成	那远远的房子。
		ʃuʃu-ŋgu 紫紫的		那紫紫（颜色）的房子。
		itʃe-ŋge 新新的		那新新的房子。

如上例句所示，在一般级形容词 sain "好的"、den "高的"、goro "远
的"、ʃuʃu "紫的"、itʃeitʃe "新的" 等后面，遵从元音和谐规律接缀次
高级形态变化语法词缀 -ŋga、-ŋge、-ŋgo、-ŋgu 而构成 saiŋga "好好的"、
deŋge "高高的"、goroŋgo "远远的"、ʃuʃuŋgu "紫紫的"、itʃeŋge "新新
的" 等次高级形容词。另外，满语里还有用形态变化语法词缀 -sgan、
-sgen、-sgon、-sgun 表示次高级语法概念的现象。例如：

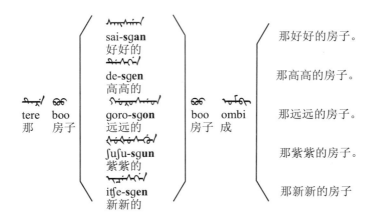

比较而言，清代满文文献资料里，次高级形态变化语法词缀 -ŋga、-ŋge、-ŋgo、-ŋgu 的使用率高于 -sgan、-sgen、-sgon、-sgun。此外，-ŋgo、-ŋgu 及 -sgon、-sgun 的使用率比 -ŋga、-ŋgə 与-sgan、-sgen 的使用率低。

六 高级

与前面讨论的非分离式黏着性形态变化语法词缀构成的不同级形容词不同，满语形容词的高级形态变化语法概念主要用分离式非黏着性结构类型的程度形容词 umesi "很" 来表示。换言之，在一般级形容词前使用分离式非黏着性程度副词 umesi "很" 来表示人或事物的次高级性质、特征、状态等。那么，形容词高级形态变化语法现象表现的语法概念相当于汉语的"很"之意。例如：

满语程度副词 umesi "很" 以分离式黏着性形式使用于一般级形容词 sain "好的"、den "高的"、goro "远的"、ʃuʃun "紫的"、itʃe "新的"、algiŋga "有名的"、elehun "富裕的" 等的前面，从而构成 umesi sain "很好的"、umesi den "很高的"、umesi goro "很远的"、umesi ʃuʃun "很紫的"、umesi itʃe "很新的"、umesi algiŋga "很有名的"、umesi elehun

"很富裕的"等表示高级形态变化语法概念的特定结构类型。此外，满语里还有用程度副词 nokai "很"来表示高级形态变化语法概念的现象。例如，nokai sain "很好的"、nokai goro "很远的"、nokai itʃe "很新的"、nokai elehun "很富裕的"等。不过，比较而言，用程度副词 umesi "很"指称名词类词高级形态变化语法现象的实例占多数。以下，以短句为例展开进一步说明：

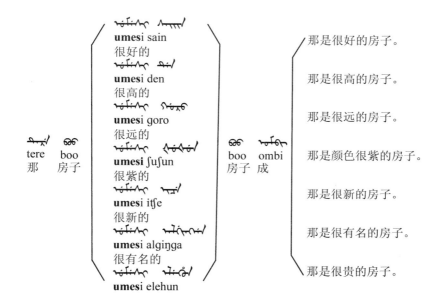

七　最高级

满语最高级形态变化语法现象和高级形态变化语法现象的表现形式一样，是在一般级形容词前以分离式非黏着性形式使用程度副词 dʒatʃi "最"表示形容词最高级形态变化语法概念，进而表示人或事物的最高级层面的性质、特征、状态等。可以说，形容词最高级形态变化语法现象表达的语法意义相当于汉语的"最"。例如：

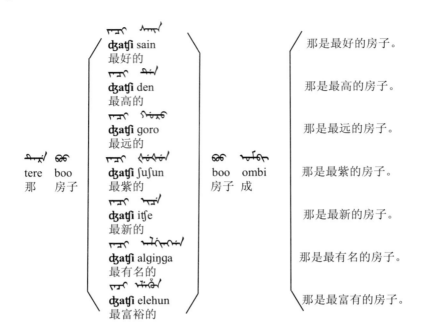

	dʒatʃi sain 最好的		那是最好的房子。
	dʒatʃi den 最高的		那是最高的房子。
	dʒatʃi goro 最远的		那是最远的房子。
tere boo 那 房子	dʒatʃi ʃuʃun 最紫的	boo ombi 房子 成	那是最紫的房子。
	dʒatʃi itʃe 最新的		那是最新的房子。
	dʒatʃi algiŋga 最有名的		那是最有名的房子。
	dʒatʃi elehun 最富裕的		那是最富有的房子。

  由上面实例可知，程度副词 dʒatʃi "最" 以分离式非黏着性结构类型，用于一般级形容词 sain "好的"、den "高的"、goro "远的"、ʃuʃun "紫的"、itʃe "新的"、algiŋga "有名的"、elehun "富裕的" 等前，从而构成 dʒatʃii sain "最好的"、dʒatʃi den "最高的"、dʒatʃi goro "最远的"、dʒatʃi ʃuʃun "最紫的"、dʒatʃi itʃe "最新的"、dʒatʃi algiŋga "最有名的"、dʒatʃi elehun "最富裕的" 等表达最高级形态变化语法概念的形容词。根据现已掌握的资料，清代满文档案资料里最高级形容词有一定使用率。

  总之，满语有表达人或事物不同层级结构性特征、形状、性质及其动作行为状态的名词类词级形态变化语法现象。按照不同层级内各自表现出的不同功能和作用及其结构性特征，其系统内部可分为一般级、次低级、低级、最低级、次高级、高级、最高级七个层级。以形容词为例，级形态变化语法现象具备以下三个方面的结构特征和使用关系：一是，如同满语名词类词一般级，它由词的原形或基本型来充当，不需要任何约定俗成的词缀系统或其他表现手段，从而表达名词类词的最基础最基本的词义；二是，名词类词级范畴中出现的次低级、低级、最低级、次高级的形态变化语法概念，如前所述，它们分别使用了非分离式黏着性形态变化专用语法词缀系统。例如，名词类词中用形态变化语法词缀 -saka、-seke、-soka 及 -kasi、-kesi、-kosi 等表示次低级语法概念，用形态变化语法词缀 -kan、-ken、-kon 等表示低级语法概念，用形态变化语法词缀 -sakakan、-sekeken、-sokokon 及 -kasaka、-keseke、-kosoko 等表示最低级语法概念，用形态变化语法词缀 -ŋga、-ŋge、-ŋgo、-ŋgu 等表示次高级语法概念。而且，这些级形态变化语法词缀均有元音和谐结构性特征，所以使用时一定遵从其元音和谐率的使用规则和基本原理；三是，除了前面提到的两种结构类型的级形态变化语法现象，还有高级和最高级形态变化语法现象，用于基本型名词类词前以分离式非黏着性结构使用程度副词的形式和手段来表示其语法意义。例如，在基本型名词类词前使用程度副词 umesi 和 nokai "很" 来指称高级形态变化语法概念，还有在基本型名词类词前使用程度副词 ʤatʃi "最" 来表达最高级形态变化语法意义等。另外，满语名词类词级形态变化语法现象也和其他阿尔泰语系语言相同，更多的时候使用于形容词范畴，进而表示人或事物不同层级或等级的特征、性能、形状、性质及其动作行为的状态等概念，而在其他名词类词中，使用的现象不是太多。

思考题

一、满语名词类词级形态变化语法现象有什么功能和作用？

二、满语名词类词级形态变化语法现象如何分类？

三、满语名词类词级形态变化语法现象有什么区别性特征？

第九课
动词类词态形态变化
语法现象

    满语动词类词包括一般动词、形动词、副动词、助动词等。其中，一般动词是动词类词的重要内容，有态、体、式、时等各成体系又极其丰富的形态变化语法现象和词缀系统。因此，专家学者们用更多时间和精力关注和讨论一般动词具有的错综复杂的语法形态变化现象。当然，形动词、副动词、助动词等也都有约定俗成的词缀系统、结构原理和使用规则。总之，包括满语在内的阿尔泰语系语言，其形态变化语法关系及结构系统中，最为复杂的就是动词类词的形态变化语法现象。下面，我们首先分析满语动词类词态形态变化语法现象。

    满语动词类词有表示句子主体和客体间产生不同关系的态形态变化语法范畴。满语动词类词态形态变化语法现象，根据句子主体和客体间产生的不同关系，分为主动态、使动态、被动态、趋动态、续动态、互动态、共动态七种。而且，满语动词类词的七个态形态变化语法现象里，除主动态之外的使动态、被动态、趋动态、续动态、互动态、共动态六种态均使用约定俗成的形态变化语法词缀，主动态则用动词类词的词根或词干形式来表现。在这里，有必要指出的是，满语动词类词态形态变化语法现象不能够作为词的终止型使用于句子，需要在态形态变化语法现象后面接缀其他形态变化语法词缀后，才能使用于语句。也就是说，在满语里，动词类词态形态变化语法现象不能充当词的终止型。请看表 9-1 中的满语动词类词态形态变化语法现象的分类及表现形式：

表 9-1　　　　　　　　　满语动词类词态形态变化

序号	态分类法	表现形式
1	主动态	无特定词缀，用动词词根或词干表示
2	使动态	-bu
3	被动态	-bu
4	趋动态	-na、-ne、-no 及 -dʒi
5	续动态	-ta、-te、-da、-de、-ʃa、-ʃe、-ʃo、-dʒa、-dʒe、-dʒo
6	互动态	-ndu
7	共动态	-tʃa、-tʃe

从表 9-1 可以看出，被动态、使动态、互动态形态变化语法词缀均由中性元音 u 为中心构成，所以使用时不受元音和谐规律的影响和约束。然而，趋动态、续动态及共动态形态变化语法词缀内使用的元音分为阳性元音和阴性元音，因此使用时要按照元音和谐原理分别接缀于以阳性元音或阴性元音为主构成的动词类词词根或词干，由中性元音构成的动词类词词根或词干后面多数情况下使用由阴性元音构成的态形态变化语法词缀。此外，被动态和使动态形态变化语法词缀的语音结构完全相同，区分它们的不同语法概念则主要看作为前置词的名词类词使用的格形态变化语法词缀。一般情况下，接缀态形态变化语法词缀 -bu 的动词前，使用接缀有宾格形态变化语法词缀 -be 的名词类词，那么该动词所表达的语法概念应属于使动态。然而，如果接缀态形态变化语法词缀 -bu 的动词前，使用接缀有与格形态变化语法词缀 -de 的名词类词的话，该动词表达的语法概念应该属于被动态。从句子成分的角度来分析，使动态句子中谓语前往往有宾语，而在被动态句子中谓语前基本上是补语。

一 主动态

如前所述，满语态形态变化语法现象里，主动态要用动词类词词根或词干形式来表示。从某种角度上讲，没有接缀使动态、被动态、互动态、共动态等形态变化语法词缀的动词类词词根或词干，基本上都属于主动态结构类型，表达主动态语法概念。也有人将这种没有专用形态变化语法词缀，但能够表达特定语法概念的动词词根或词干称为零词缀结构类型。另外，在主动态句子里，动作行为发起者就是句子主体本身。因此，人们也称主动态为自动态。例如：

bi mandʒu hergen **arambi**
我 满族 字 写
我写满文。

tere niyalma hotonde **genehe**
那 人 城 去了
那个人去城里了。

si udu aniya bithe **hūlaha**
你 几 年 书 读
你读了几年书？

上面的三个短句里，句子末尾使用的动词 arambi "写"、genehe "去了"、hulaha "读了" 等，均属于没有接缀任何态形态变化语法词缀的主动态结构类型。那么，这些动作行为的发起人，就是作为句子主体的单数第一人称代词 bi "我"、tere niyalma "那个人"、单数第二人称代词 si "你"等。换言之，作为句子主体的"我""那人""你"
等实施了"写""去""读"等动作行为。但是，它们属于零结构类型
的主动态形态变化语法现象。

二　使动态

满语动词类词态形态变化语法现象的使动态要用 -bu 这一词
缀来表达。再者，如前所述，接缀使动态形态变化语法词缀 -bu 的
动词前，一般都使用接缀有宾格形态变化语法词缀 -be 的名词类
词。也就是说，在使动态句子中谓语前使用宾语。另外，使动态形
态变化语法词缀是由中性元音构成，所以使用时不受元音和谐律影
响，可以接缀于由任何元音构成的动词类词词根或词干后面，进而
表示相当于汉语的"使""让"等使动性质的动作或行为。例如：

bi	noni	mandʒu	hergenbe	ara-**bu**-mbi
我	妹妹	满族	字	写 让

我让妹妹写满文。

ama	tere	niyalmabe	gene-**bu**-he
父亲	那	人	去了 让

父亲让那个人去了。

si	udu	aniya	bithebe	hūla-**bu**-ha
你	几	年	书	读 让

让你读了几年书？

bi	terei	irgebunbe	ʃedʒile-**bu**-mbi
我	他	诗	背诵 使

我让他背诵诗。

这四个句子里，接缀使动态形态变化语法词缀 -bu 的动词词根或词干 ara-"写"、gene-"去"、hūla-"读"、ʃedʒile-"背诵"后面，分别接缀了使动态形态变化语法词缀 -bu，进而构成具有使动态语法概念的动词 ara-bu-"让写"、gene-bu-"使去"、hūla-bu-"让读"、ʃedʒile-bu-"使背诵"。但由于动词类词态形态变化语法词缀 -bu 不能充当动词终止型，所以接缀在有使动态语法词缀的动词后面，还先后接缀了动词陈述式形态变化语法词缀 -mbi 和祈使式形态变化语法词缀 -he 及 -ha。在此前提下，最终构成包含使动态形态变化语法概念的动词 arabumbi（ara-bu-mbi）、genebuhe（gene-bu-he）、hūlabuha（hūla-bu-ha）、ʃedʒilebumbi（ʃedʒile-bu-mbi）等。此外，在接缀有使动态形态变化语法词缀的动词前，均出现使用宾格形态变化语法词缀 -be 的宾语 hergenbe（hergen-be）"把字"、niyalmabe（niyalma-be）"把人"、bithebe（bithe-be）"把书"、irgebunbe（irgebun-be）"把诗"。

满语除了使动态形态变化语法词缀 -bu，还有用形态变化语法词缀 -mbu 表示使动态语法概念的现象。例如，genembu-mbi（gene-mbu-mbi）"让去"、eldembumbi（elde-mbu-mbi）"使照亮"、dosimbumbi（dosi-mbu-mbi）"使进去"等。显而易见，这三个包含使动态形态变化语法概念的动词跟在 gene-"去"、elde-"照"、dosi-"进"后面，首先接缀使动态形态变化语法词缀 -mbu，而后又接缀了动词类词陈述式形态变化语法词缀 -mbi，最终形成完整表达使动态语法概念的动词 genembumbi、eldembumbi、dosimbumbi。

三　被动态

满语动词类词态形态变化语法范畴的被动态词缀，与使动态形态变化语法现象完全相同，也要用 -bu 这一形态变化语法词缀来表现。不同的是，在接缀被动态形态变化语法词缀 -bu 的动词前，要使用接缀与格形态变化语法词缀 -de 的名词类词。而且，在被动态句子的谓语前使用补语。例如：

bi　　　agede　　　tanta-**bu**-ha
我　　　哥哥　　　打　被　了
我被哥哥打了。

tugi　　gemu　　edunde　　edu-**bu**-mbi
云彩　　全部　　风　　　刮走被
云彩都被风刮走了。

ere　　irgebun　　terede　　ʃedʒile-**bu**-he
这　　诗　　　他　　　背诵　被
这诗被他背诵了。

显然，接缀有被动态形态变化语法词缀 -bu 的动词 tanta-bu-"被打"、edu-bu-"被刮"、ʃedʒile-bu-"被背诵"前面，都有接缀与格形态变化语法词缀 -de 的名词，即 agede（age-de）"与哥哥"、edunde（edun-de）"与风"及人称代词 tere-de（terede）"与他"。而且，它们都充当了句子补语。

四　趋动态

　　趋动态指的是动作行为的趋向或者方向。满语动词类词态形态变化语法现象中，有专门用于表示动作行为方向的趋动态形态变化语法词缀 -na、-ne、-no 及 -dʒi 等，它们大多表示走去的方向，而 -dʒi 则指称走来的方向。可以看出，趋动态形态变化语法词缀 -na、-ne、-no 有元音和谐规律，所以要严格遵循其使用原理。由于形态变化语法词缀 -dʒi 没有元音和谐现象，因此可以使用于由任何元音构成的动词类词词根或词干后面。在句子里使用时，趋动态形态变化语法词缀 -na、-ne、-no 表达的语法概念相当于汉语的"去"，趋动态形态变化语法词缀 -dʒi 则表达"来"之意。例如：

bi	eneŋgi	noni	morinbe	dʒafa-**na**-mbi
我	今天	妹妹	马	抓　去

我今天去抓妹妹的马。

ama	tere	niyalmabe	bene-**ne**-he
父亲	那	人	送　去了

父亲去送那个人了。

ere	baitabe	bi	tokto-**no**-mbi
此	事	我	决定　去

此事我去决定。

bi	irgebunbe	ʃedʒile-**dʒi**-mbi
我	诗	背诵　来

我来背诵诗。

趋动态形态变化语法词缀 -na、-ne、-no 及 -dʒi，先后接缀于动词词根或词干 dʒafa-"抓"、bene-"送"、tokto-"决定"和ʃedʒile-"背诵"后面，进而派生出具有趋动态语法内涵的动词词干dʒafana-（dʒafa-na-）"去抓"、benene-（bene-ne-）"去送"、toktono-（tokto-no-）"去决定"、ʃedʒile-dʒi-"来背诵"。同样，由于趋动态形态变化语法词缀不能充当动词终止型，所以在接缀有趋动态语法词缀的动词词干后面，接缀有动词陈述式形态变化语法词缀 -mbi 和 -he。最终构成包含趋动态形态变化语法概念的动词dʒafanambi（dʒafa-na-mbi）、benenehe（bene-ne-he）、toktonombi（tokto-no-mbi）、ʃedʒiledʒimbi（ʃedʒile-dʒi-mbi）等。

五 续动态

动词类词态形态变化语法现象有续动态，表示持续、连续发生的动作行为。其形态变化语法现象比较复杂，根据现已掌握的资料，要用 -ta、-te、-da、-de、-ʃa、-ʃe、-ʃo、-dʒa、-dʒe、-dʒo 等形态变化语法词缀表示续动态。由于这些形态变化语法词缀均有元音和谐现象，因此实际使用时 -ta、-da、-ʃa、-dʒa 等用于由阳性元音构成的实例更多，而 -te、-de、-ʃe、-dʒe 等用于以阴性元音或中性元音为主构成的动词词根或词干后面。另外，形态变化语法词缀 -dʒo 更多使用于由元音 o 等构成的动词词根或词干后面。但在动词类词词根或词干后面接缀这些形态变化语法词缀时，也出现不少例外现象，这与满语元音和谐现象的弱化有必然联系。就如分析元音和谐现象时所指出的一样，满语的元音和谐现象更多表现在单一元音的和谐方面，在同一个性质的元音间的和谐原理已变得不十分严谨。动词类词续动态的这些形态变化语法词缀在语句中，主要表达相当于汉语的"继续""持续""连续""不断"等语法概念。例如：

bi	eneŋgi	deobe	aisila-**ta**-mbi
我	今天	弟弟	帮助 继续

我今天继续帮助弟弟。

tere	niyalma	fensei	mukebe	utʃu-**da**-mbi
那	人	盆子	水	搅和 连续

那个人连续不断地搅和盆子里的水。

eniye	tʃai	dolo	sun	neme-**ʃe**-mbi
母亲	茶	里	奶	增加 不断

母亲在茶里不断加奶。

ere	baitabe	bi	labdu	gūnin-**dʒa**-ha
此	事	我	多	想 连续

此事我连续想过多次。

可以看出，上面的四个短句里，续动态形态变化语法词缀 -ta、-da、-ʃe、-dʒa 按照元音和谐规律分别接缀于动词词根或词干 aisila- "帮助"、utʃu- "搅和"、neme- "增加"、gūnin- "想" 的后面，从而构成包含续动态语法概念的动词 aisilata-（aisila-ta-）"继续帮助"、utʃuda-（utʃu-da-）"连续搅和"、nemeʃe-（neme-ʃe-）"不断加"、gūnindʒa-（gūnin-dʒa-）"连续想"。同时，在接缀有续动态形态变化语法词缀的动词还接缀了动词陈述式形态变化语法词缀 -mbi 与 -ha，从而形成该动词的整体结构 aisilatambi（aisila-ta-mbi）、utʃudambi（utʃu-da-mbi）、nemeʃembi（neme-ʃe-mbi）、gūnindʒaha（gūnin-dʒa-ha）。与之相关的实例还有 niyetʃetembi（niyetʃe-te-mbi）"持续补给"、ibedembi（ibe-de-mbi）"继

续前进"、habtaʃambi（habta-ʃa-mbi）"不断眨巴眼睛"、holtoʃombi（holto-ʃo-mbi）"不断撒谎"、erehundʒembi（erehun-dʒe-mbi）"不断希望"、golohondʒombi（golohon-dʒo-mbi）"不断受惊"等。不过，在具体的句子中，也有将续动态的形态变化语法概念表述为"常常""经常""通常"等的现象。例如，holtoʃombi、erehundʒembi、golohondʒombi 等词的续动态也可表示"经常撒谎""常常希望""通常受惊"等概念。

六 互动态

动词类词态形态语法现象有表示互动概念的词缀 -ndu，由于该词缀也是以中性元音 u 为核心构成，所以在使用上不受到元音和谐律影响，可以自由使用于任何一个动词词根或词干后面。互动态形态变化语法现象，主要表示相当于汉语的"互""互相"等互动性质的动作行为。例如：

mese   eneŋgi   gemu   tatʃi-**ndu**-mbi
我们   今天   都   学习 互相
我们今天都要相互学习。

tese   erin   akū   ishunde   afa-**ndu**-mbi
他们   时   无   相互   打 互
他们没完没了地相互打仗。

labdu   niyalmasa   ere   baitabe   gisureme   leole-**ndu**-mbi
多   人们   这   事   谈   议 互
许多人在相互议论此事。

　　这三个短句里，互动态形态变化语法词缀 -ndu 先后接缀于动词词根 tatʃi-"学习"、afa-"打架"及 leole-"议"的后面，从而构成 tatʃindumbi（tatʃi-ndu-mbi）、afandumbi（afa-ndu-mbi）、leolendumbi（leole-ndu-mbi）等包含"相互学习""互相打架""互相议论"之类互动态语法概念的动作行为。除此之外，在满语里也有用 -nu、-re、-ʃa 等形态变化语法词缀表示动词类词互动态语法概念的现象。例如：

tese　　urkulʤi　　tanta-**nu**-mbi
他们　　经常　　　打　　互
他们经常相互打架。

tere　bithe　ere　bithei　tehe-**re**-mbi
那　　书　　这　　书　　配套　相互
那本书和这本书相互配套。

ere　dʒuwe　buhū　ʃuki-**ʃa**-mbi
这　　两个　　鹿　　顶　互相
这两头鹿互相顶撞。

　　上面提到的互动态形态变化语法词缀里出现率较高的是 -ndu，其次是 -nu，而 -re 及 -ʃa 的出现率比较低。

七　共动态

　　满语动词类词态形态变化语法现象中，还有表示共动态语法概念的形态变化语法词缀 -tʃa、-tʃe、-tʃo 等。由于共动态形态变化语法词缀有元音和谐现象，所以按照其使用原理将 -tʃa 使用于阳性元音构成的动词类词词根或词干，其中更多用于以阳性元音 a 为主构成的动词类词词根或词干之后。将 -tʃe 用于由阴性元音或中性元音构成的动词类词词根或词干。此外，形态变化语法词缀 -tʃo 主要接缀于由元音 o、u、ū 等构成的动词类词词根或词干。共动态形态变化语法词缀表达相当于汉语的"共同""一起"等共动性质的动作行为。因此，也有人把"共动态"称为"齐动态"。例如：

be　　　emgi　　　bithe　　　hūla-tʃa-mbi
我们　　一起　　　书　　　　读　共同
我们共同读书。

eneŋgi　　deose　　hotonde　　gene-tʃe-mbi
今天　　弟弟们　　城　　　去　共同
今天，弟弟们一起去城里。

ere　　baitabe　　gereni　　bodo-tʃo-mbi
这　　事　　　　大家　　想　共同
大家在共同想此事。

上面三个句子里，共动态形态变化语法词缀 -tʃa、-tʃe、-tʃo，根据元音和谐规律先后接缀于句末出现的动词词根 hūla-"读"、gene-"去"、bodo-"想"后面，进而构成有共动态形态变化语法现象的动词词干 hūlatʃa-（hūla-tʃa-）、genetʃe-（gene-tʃe-）、bodotʃo-（bodo-tʃo-），并在动词陈述式现在将来时形态变化语法词缀 -mbi 的协助下，完整地派生出表示共动态形态变化语法概念的动词 hūlatʃambi（hüla-tʃa-mbi）"共同

读"、genetʃembi（gene-tʃe-mbi）"一起去"、bodotʃombi（bodo-tʃo-mbi）
"共同想"。

　　概而言之，满语动词类词有态形态变化语法现象，根据态形态变
化现象在句中发挥的不同语法功能和作用，其内部分主动态、使动态、
被动态、趋动态、续动态、互动态、共动态七种结构类型。通过前面
的讨论，我们已经清楚地认识到，满语动词类词的七种态形态变化语
法现象里，主要存在以下六个方面突出特点：一是，满语动词类词主
动态属于零词缀结构类型，不使用任何形态变化语法词缀而用动词词
根或词干形式表现。二是，使动态和被动态的形态变化语法词缀在语
音结构上完全相同，但在句子里却要表达两个不同态形态变化语法概
念。区分它们的不同语法观念时，主要看前置名词类词使用的是宾格
还是与格形态变化语法词缀。如果前置名词类词接缀有宾格形态变化
语法词缀，那么使用形态变化语法词缀 -bu 的动词应属于使动态结
构类型。此外，如果接缀态形态变化语法词缀 -bu 的动词前，出现
接缀与格形态变化语法词缀的名词类词，那么该动词显然属于被动态
结构类型。三是，互动态形态变化语法词缀 -ndu 由中性元音构成，
使用上不受元音和谐律影响。四是，趋动态和续动态及共动态的形态
变化语法词缀有元音和谐现象，使用时要遵从来自元音和谐规律的规
定要求。五是，满语态形态变化语法现象不属于动词类词的终止型，
在动词后面接缀其他形态变化语法词缀才能够构成该动词的终止型，
由此才能够表达态形态变化语法概念。六是，我们在这里除了重点分
析和讨论态形态变化语法现象，还分析了相关态形态变化实例及其词
缀的使用关系。不过，对于这些形态变化语法词缀是否真正意义上属
于态形态变化语法范畴等问题，学界还存在不同看法和认识，有待进
一步深入系统研究。

思考题

　　一、满语动词类词态形态变化语法现象有什么功能和作用？

二、满语动词类词态形态变化语法现象如何分类？

三、满语动词类词态形态变化语法现象中使动态和被动态语法词缀如何区分？

第十课
动词类词陈述式形态
变化语法现象

现代满语中没有人称形态变化语法现象。不过，至今阿尔泰语系语言中，除满语和锡伯语之外的语言仍比较完整地保存着动词类词式形态变化语法现象所表示的不同人称语法词缀系统。不只是蒙古语族语言和突厥语族语言还在使用式形态变化语法现象的不同人称词缀，而满通古斯语族语言的通古斯诸语也同样使用式形态变化语法现象的不同人称词缀系统。然而，满语和锡伯语里，式形态变化语法现象的所有人称后缀已经消失。因此，对满语式形态变化语法现象的分析和讨论，包括陈述式形态变化语法现象在内，只涉及现在时间、将来时间、现在将来时间、过去时间等不同时间概念下发生的动作行为及其形态变化语法形式。满语动词类词的陈述式更多的时候，要通过在一般动词后面使用表示不同时间概念的形态变化语法词缀来表现，进而分别在不同句子里陈述不同时间概念下发生的动作行为，且往往作为句子终止型使用于句子末尾。

一 现在时

满语动词类词陈述式形态变化语法现象的现在时语法概念，主要表示现在正在发生或进行的动作行为，所以可以用汉语的"现在"来阐述其表现出的语法概念。在满语里，最具代表性的陈述式现在时形态变化语法词缀是 -mbi，它可以不受元音和谐规律的影响而使用于任何动词词根或词干后面，从而表达陈述式现在时语法概念。例如：

bi	ne	ere	erinde	bithe	hūla-**mbi**
我	现在	这	时间	书	读 现在

我现在这个时间读书（我现在读书）。

ne	tere	niyalma	mandʒu	hergenbe	taka-**mbi**
现在	那	人	满	文	认识 现在

那个人现在认识满文。

eneŋgi	baturu	tʃooha	nerginde	dʒi-**mbi**
今天	英雄	部队	马上	来 现在

英雄的部队今天马上就来。

在上面的三个句子末尾的动词词根 hula- "读"、taka- "认识"、dʒi- "来"后面接缀陈述式现在时形态变化语法词缀 -mbi 后变成 hūlambi（hūla-**mbi**）、takambi（taka-**mbi**）、dʒimbi（dʒi-**mbi**），并在句中 ne "现在"和 eneŋgi "今天"等词的协助下，表达了"现在读""现在认识""马上来"等包含现在时概念的动作行为。此外，根据清代的相关资料和后来依据清代满文教材编写的书籍，满语动词类词式形态变化语法现象的现在时，还可以用动词词根或词干后面使用 -me+bi、-me+bimbi、-mahabi 或 -mehebi、-m+ilihabi、-fi+bi、-hai+bi、-hei+bi、hoi+bi 以及 -habihebi、-hebihebi、-hobihebi 等一系列形态变化语法手段来表示。而且，其中有元音和谐现象的形态变化语法词缀，要按照其元音和谐规律来使用。例如：

ne   bi   ʤe-me   bi
现在   我   吃   在
我现在吃。

ne   tere   gene-me   bimbi
现在   他   去   在
他现在正在去。

bi   seʤende   te-mahabi
我   车   坐现在
我现在坐车。

bi   bithe   hūla-me   ilihabi
我   书   读   现在
我现在读书。

ere   baita   bithe de   edʒe-fi   bi
这   事   书 里   记录   现在
现在书里对此事有记录。

以上短句里，陈述式现在时形态变化语法词缀及其语音表现形式
-me + bi、-me + bimbi、-mahabi、-me + ilihabi、-fi + bi 先后使用于动词
词根 ʤe- "吃"、gene- "去"、te- "坐"、hūla- "读"、edʒe- "记录" 后面，
从而构成 ʤeme bi "现在吃"、geneme bimbi "现在正在去"、temahabi
"现在坐"、hūlame ilihabi "现在读"、edʒe-fi bi "现在记录" 包含陈述式

现在时形态变化语法概念的动词。此外，还有 ara-**hai bi** "现在写"、deye-**hei bi** "现在飞"、obo-**hoi bi** "现在洗"等动词陈述式现在时形态变化语法现象。

二　将来时

满语陈述式有将来时形态变化语法现象，同样用约定俗成的形态变化语法词缀来表现。顾名思义，将来时就是陈述将来要发生的动作行为。很有意思的是，满语中将来时的语法概念也要用形态变化语法词缀 -mbi 来表示。例如：

eretʃi	amala	be	tere	dʒugūnbe	yabu-**mbi**
这	后	我们	那	路	走 将来

我们将来要走那条路。

amaga	ineŋgi	mini	deo	amba	tatʃikūde
将来	日子	我的	弟弟	大	学校

bithe	tatʃi-**mbi**
书	读 将来

我弟弟将来进大学读书。

amaga	sini	ahūn	ai	weilen	ara-**mbi**
将来	你的	哥哥	何	工作	做 将来

你哥哥将来做什么工作？

以上三个短句里，将来时形态变化语法词缀 -mbi 先后使用于动词词根 yabu-"走"、tatʃi-"学习"、ara-"做"后面，构成位于句子末尾的动词 yabumbi（yabu-mbi）、tatʃimbi（tatʃi-mb）、arambi（ara-mbi），并在句首出现的副词 eretʃi amala "以后""将来"、amaga ineŋgi "以后的日子""将来"、amaga "将来"的协助下，完整地表达了"将来走""将来学习""将来做"等陈述式将来时形态变化语法概念。除此之外，满语里也有用 -ra、-rə、-ro 等形态变化语法词缀指称将来时语法意义的现象。例如：

amaga   adarame   ali-**re**
将来   如何   接受
将来如何接受？

amaga   ineŋgi   bi   terebe   daha-**ra**
以后   日子   我   他   跟 将来
将来我要跟他。

amaga   si   ere   baitabe   tokto-**ro**
将来   你   这   事   定将 来
将来由你决定此事。

以上句子告诉我们，在表示"将来"概念的副词协助下，形态变化语法词缀 -ra、-rə、-ro 陈述了将来要实施的动作行为"接受""跟随""决定"等。比较而言，在满语里，陈述将来时动作行为时 -mbi 的使用率要高于 -ra、-rə、-ro 的使用率。

三 现在将来时

满语里动词类词陈述式形态变化语法现象中,也有同时陈述现在和将来发生的某一动作行为的语法手段。很有意思的是,该语法关系要用陈述式现在时和将来时形态变化语法词缀 -mbi 及 -mahabi、-meilihabi 等来表达。其使用原理也跟前面讨论的现在时和将来时形态变化语法现象完全相一致,不同的是句中不单独使用表示现在时副词 ne "现在" 及指称将来时的副词 amaga "将来" 等。例如:

tere niyalma sedʒende te-**mahabi**
那   人   车   坐 现在或将来
那个人现在或将来坐车。

bi bithe hūlahabi
我 书   读 现在或将来
我现在或将来读书。

mini deo amba tatʃikūde tatʃi-**mbi**
我的 弟弟 大   学校   学 现在或将来
我弟弟现在或将来在大学学习。

ere baitabe **tokto-mbi**
这   事   定 现在或将来
现在或将来决定此事。

　　显然，这四个短句内没有使用现在时副词和将来时副词，而是在句子末尾使用了接缀现在将来时形态变化语法词缀的动词 temahabi（te-mahabi）、hūlahabi（hūla-habi）、tatʃimbi（tatʃi-mbi）、toktombi（tokto-mbi）陈述了"现在或将来坐""现在或将来读""现在或将来学""现在或将来决定"等现在将来时语法概念。此外，也有在陈述式现在将来时句子里同时使用表示现在将来时间的副词之现象。例如：

bi　　ne　　embitʃi　amaga　sedʒende　te-**mahabi**
我　　现在　或　　将来　　车　　坐 现在或将来

我现在或将来坐车。

　　该句子同时使用了表示现在时的副词 ne"现在"及将来时副词 amaga"将来"，从而与句子末尾的现在将来时动词 temahabi（te-mahabi）紧密相结合，清楚地陈述了现在将来时语法概念。根据我们掌握的资料，在清代满语里使用这些时间副词的现象不是太多。特别是，同时使用现在时和将来时副词的实例更少。但我们必须从语用学、语法学、动词形态论理论视角清楚地阐明这些语法现象。何况，该语法现象在阿尔泰语系语言里普遍存在。在满通古斯语族通古斯诸语里，这些语法现象表现得更加突出。也有专家认为，满语动词类词陈述式形态变化语法现象里出现的 -mbi 等语法词缀，同时能够陈述现在时、将来时、现在将来时等语法概念。总之，动词类词陈述式形态变化语法词缀的使用关系比较复杂，但句子中使用的不同时间概念的副词，使得语言交流中陈述的现在将来时概念变得更清楚。

四　过去时

　　满语动词类词陈述式有过去时形态变化语法现象，并用约定俗成的形态变化语法词缀 -ha、-he、-ho 及 -ka、-ke、-ko 等，主要陈述过

去时间里进行或实施的某一动作行为。由于这些形态变化语法词缀有
元音和谐现象，所以使用时一定要遵从元音和谐原理。例如：

bi　ere　bithebe　hūla-ha
我　这　书　　　读　了
我读了这本书。

mini　ama　agei　boode　gene-he
我的　爸爸　哥哥　家　　去　了
我爸爸去了哥哥家。

tere　mukei　derebe　obo-ho
他　　水　　脸　　　洗　了
他用水洗了脸。

ere　niyalma　tere　boode　dosi-ka
这　人　　　那　房子　进　了
这个人进了那间房间。

ini　naktʃu　gūwabsi　tutʃi-ke
他的　舅舅　向外　　　走出　了
他舅舅往外走了。

ᡶᡳᠰᠠ ᡤᠣᡥᠣᡵᠣ

mamai fisa gohoro-**ko**

奶奶 后背 弯曲 了

奶奶的后背弯曲了。

陈述式过去时形态变化语法词缀 -ha、-he、-ho 及 -ka、-ke、-ko，按照元音和谐要求先后接缀于动词词根或词干 hūla-"读"、gene-"去"、obo-"洗"、dosi-"进"、tutʃi-"走出"、gohoro-"弯曲"后面，构成包含陈述式过去时语法概念的句末动词 hūlaha（hūla-ha）"读了"、genehe（gene-he）"去了"、oboho（obo-ho）"洗了"、dosika（dosi-ka）"进了"、tutʃike（tutʃi-ke）"走出了"、gohoroko（gohoro-ko）"弯曲了"，从而表达在过去的时间里发生的动作行为。此外，也通过在动词词根或词干后面接缀形态变化语法词缀 -habi、-hebi、-hobi、-mbihe、-mbihebi、-habihe、-hebihe、-hobihe 等的形式，表示曾经实施过的某一动作行为的现象。其表达的陈述式过去时语法概念相当于汉语的"已经……了"或"曾经……了"等。其中，有元音和谐现象的形态变化语法词缀，要按照其使用要求接缀于由不同元音构成的动词词根或词干后面。例如，hūlahabi（hūla-habi）"已经读过"、genehebi（gene-hebi）"已经去过"、obohobi（obo-hobi）"已经洗过"、dosimbihe（dosi-mbihe）"曾经进过"、tutʃimbihebi（tutʃi-mbihebi）"曾经走出过"、yabuhabihe（yabu-habihe）"曾经走过"、dʒihebihe（dʒi-hebihe）"曾经来过"、toktohobihe（tokto-hobihe）"曾经决定过"等。

思考题

一、满语动词类词陈述式形态变化语法现象的功能和作用是什么？

二、满语动词类词陈述式形态变化语法现象如何分类？其分类原则是什么？

三、满语动词类词陈述式形态变化语法现象中现在时、现在将来时、将来时有何结构性特征？

第十一课
动词类词命令式形态变化语法现象

满语动词类词形态变化语法现象有表示命令和禁止意义的语法范畴。其中，可分为直接命令、间接命令和禁止性命令三种。并且，其各自的表现形式有鲜明的区别性特征。具体而言，直接命令不需要形态变化语法词缀来表现，而间接命令和禁止性命令均使用约定俗成的形态变化语法词缀。

一　直接命令式

如上文所述，满语动词类词命令式中直接命令的语法概念不使用任何形态变化语法词缀，而是用动词类词词根或词干形式来表达。换言之，在具体的语句中句尾以词根或词干形式出现的动词类词完全可以表示说话者直接命令他者实施某一动作行为。例如：

tʃargide　te
那边　　　坐
坐那边！

si　　tere　　morinbe　　**dʒafa**
你　　那　　马　　抓
你抓那匹马！

ne　　si　　hūdun　　**yabu**
现在　　你　　快　　走
现在你快走！

si　　derebe　　mukei　　saikan　　**obo**
你　　脸　　水　　好好　　洗
你把脸用水好好洗！

　　显然，上述四个短句都属于命令句，分别表示说话者直接命令 si "你" 实施 te "坐"、dʒafa "抓"、jabu "走"、obo "洗" 的动作行为。因为这四个短句都是命令句，所以在句子末尾无一例外地使用了 te、dʒafa、jabu、obo 等由动词词根构成的命令式动词。此外，由单音节构成的动词类词充当命令式时，会出现在其词根后面也有接缀元音 -o 的现象。例如，动词单音节词根 dʒi- "来" 接缀 -o 以后形式的 dʒio 就属于命令式结构类型。

二　间接命令式

　　顾名思义，间接命令式是指通过中间人间接命令他者实施某一动作行为，而不是自己直接命令他者实施某一动作行为的现象。间接命令式形态变化语法现象，要通过在动词词根或词干后面接缀 -kini 这一形态变化语法词缀来表示。由于该形态变化语法词缀是由中性元音

构成，因而不受元音和谐规律的限制，可用于由不同元音构成的动词
类词词根或词干后面。例如：

tere　niyalma　tatʃikūde　gene-**kini**
那　　人　　　学校　　　去
命令那人去学校！

mini　deo　ere　emu　fakūribe　etu-**kini**
我　弟弟　这　一　裤子　　　穿
命令我弟弟穿这一条裤子！

sini　dʒui　sahaliyan　morinbe　yalu-**kini**
你　儿子　黑的　　　马　　　骑
命令你儿子骑黑马！

　　出现于句末的动词词根 gene-"去"、etu-"穿"、yalu-"骑"都接缀
有间接命令式形态变化语法词缀 -kini，从而构成表示间接命令式语法概
念的动词 genekini（gene-kini）"去"、etukini（etu-kini）"穿"、yalukini
（yalu-kini）"骑"。显然，这三个动词表达的动作行为是说话者通过中
间人命令他人来实现，而不是自己直接命令动作行为的施事者。

三　禁止性命令式

　　满语动词类词的命令式里有禁止某人实施某一个动作行为的命
令句，且用动词类词形态变化语法词缀 -ra、-re、-ro 来表达该语法概
念。由于这套形态变化语法词缀有元音和谐现象，所以使用时要遵从

元音和谐规律。禁止性命令式表示的语法概念相当于汉语的"不要""不许""别""禁止"等。例如：

si　ume　dambagube　gotʃi-**ra**
你　不要　烟　　　吸
你不要吸烟！（禁止你吸烟！）

suwe　ume　tere　alinde　gene-**re**
你们　不许　那　山　　去
你们不许去那座山上！（禁止你们去那座山！）

derebe　ere　mukei　ume　obo-**ro**
脸　　这　水　　别　洗
你别用这个水洗脸！（禁止你用这个水洗脸！）

不难看出，上面的三个短句末尾使用的动词词根 gotʃi-"吸"、gene-"去"、obo-"洗"，根据元音和谐规律先后接缀了禁止性命令式形态变化语法词缀 -ra、-re、-ro，构成包含禁止性命令式形态变化语法概念的动词 gotʃira（gotʃi-ra）、genere（gene-re）、oboro（obo-ro），从而表达了"禁止吸""禁止去""禁止洗"等禁止性命令式语法概念。再说，这三个句子里都使用了禁止助词 ume。

思考题
　　一、满语动词类词命令式形态变化语法现象的功能和作用是什么？
　　二、满语动词类词命令式形态变化语法现象如何分类？

第十二课
动词类词祈愿式及假定式
形态变化语法现象

　　满语动词类词形态变化语法现象里有祈愿式形态变化语法范畴和假定式形态变化语法范畴，均使用约定俗成的形态变化语法词缀。

一　祈愿式

　　满语动词类词的式形态变化语法现象中有表示祈望、希望、愿望、祈请、情愿意义的祈愿式语法手段，并有专门用于表达祈愿式的形态变化语法词缀 -rao、-reo、-roo 等。因为，它们有元音和谐现象，故使用时要遵循其元音和谐规律。例如：

si　　ume　　dambagube　　gotʃi-rao
你　　不要　　烟　　　　　吸
希望你不要吸烟。

aisilare　niyalmabe　hūdun　uŋgi-**reo**
帮忙的　　人　　　快点　派来
希望赶紧派来帮助的人。

mini　ama　ere　baitabe　tokto-**roo**
我　爸爸　这　事　　　定
祈请我爸爸决定此事。

　　动词类词祈愿式形态变化语法词缀 -rao、-reo、-roo 遵循元音和谐原理，先后接缀于以上三个短句句尾出现的动词 gotʃi-"吸"、uŋgi-"派来"、tokto-"决定"后面，构成 gotʃirao（gotʃi-rao）uŋgireo（uŋgi-reo）、toktoroo（tokto-roo）表示祈愿式形态变化语法现象的动词，从而表示"希望不要吸烟""希望派来""祈请决定"等祈愿式形态变化语法概念。此外，也有为了表达更加强烈的祈望、祈请和情愿而在动词词根或词干后面使用形态变化语法词缀 -ki 或 -kini 的现象。例如：

bi　udu　ineŋgi　teye-**ki**
我　几　天　　休息
我期望休息几天。

mini　deo　amba　tatʃikūde　dosi-**kini**
我的　弟弟　大　　学校　　进
祈愿我弟弟上大学。

　　有的祈愿式句子里，在使用有形态变化语法词缀 -ki 或 -kini 的动词后面，还使用助动词 sembi 进一步强化动词的祈愿式语法概念。例如，gene**ki** sembi "希望去"，ibe**kini** sembi "祈愿进步"等。

二　假定式

满语动词类词式形态变化语法范畴里，有表示假定意义的假定式形态变化语法现象，用形态变化语法词缀 -ʧi 来表示。需要指出的是，使用有假定式形态变化语法词缀的动词一般不出现在句尾，而出现在句中或句末动词之前。换言之，它不在句末出现，而是在句中使用。可以看出，该词缀也不受元音和谐规律的限制，自由使用于由不同元音构成的动词类词词根或词干后面。此外，形态变化语法词缀 -ʧi 在句子里表现的语法概念相当于汉语的"假如……的话"。例如：

bi	amba	tatʃikūde	gene-ʧi	bedereme	dʒihekū
我	大	学校	去 的话	回	来不

假如我去学校的话就不来回。

suweni	morini	kunesun	ekiye-ʧi	hūdun	niyetʃeme	bumbi
你们的	马	粮草	缺少的话	赶快	补	给

如果你们马的粮草缺少的话赶快补给。

以上第一句的中心位置使用有假定式形态变化语法词缀 -ʧi 的动词 geneʧi（gene-ʧi），表示"假如去的话"这一假定式形态变化语法概念。第二句的 ekiyeʧi（ekiye-ʧi）同样出现于句子中心位置，表示假定式形态变化语法现象的"假如缺少的话"之意。不过，也有用逗号将接缀有假定式形态变化语法词缀的动词同后面的词语分开的现象。例如：

tere	niyalma	gene-ʧi	hahilame	medʒige	isibu
那	人	去的话	赶快	消息	给

如果那个人去的话，赶快给（我）发消息。

此外，动词类词的假定式句子里，经常使用假定连词 aika "假定"、aikabade "如果"等来进一步强化句子假定式形态变化语法概念。例如：

aika	dʒaka	dʒafa-tʃi	suwe	atʃarabe	tuwame	gaisu
假如	礼物	送的话	你们	合适	看	接受

假如送礼的话，你们就酌量接受。

aikabade	ʃolobaharakū	o-tʃi	uthai	dʒiderebe	dʒoo
如果	空闲	没	成的话	那么	来	罢了

如果没有空的话，就不要来了。

显然，这两个句子内虽然都使用有表示假定式形态变化语法概念的词缀 -tʃi，同时在句首都分别使用了假定连词 aika "假定"及 aikabade "如果"，进而强化或强调了句子的假定式功能和作用。另外，翻阅满文文献资料时发现，其中也有在形态变化语法词缀 -tʃi 后面再加词缀 -be 构成 -tʃibe 这一假定式形态变化语法现象，以此表达假定式语法概念的一些现象。比如，有 hūlatʃibe（hūla-tʃibe）"假如读的话"、genetʃibe（gene-tʃibe）"假定去的话"等。但是，该词缀的出现频率不高。

思考题

一、满语动词类词祈愿式形态变化语法现象的功能和作用是什么？

二、满语动词类词祈愿式形态变化语法词缀 -ki 或 -kini 的实际作用是什么？

三、满语动词类词假定式形态变化语法现象的功能和作用是什么？

第十三课
动词类词形动词形态变化
语法现象

作为阿尔泰语系语言，满语同样有形动词形态变化语法现象，并根据时间概念上表现出的区别性特征，其内部分为现在时、现在将来时和过去时三种结构类型。同时，满语里形动词现在将来时和过去时形态变化语法现象中，还有表示否定概念的词缀系统。根据资料，满语形动词均有约定俗成的形态变化语法词。再者，满语动词类词内出现的形动词，也跟阿尔泰语系的其他语言相同，既有修饰名词类词的形容词功能和作用，又有动词类词具有的表示动作行为之特征。或许正因为如此，人们称之为形动词。有必要指出的是，形动词往往使用于句中的名词类词中间，当然也有使用于句首的现象。

一 现在时

形动词现在时形态变化语法现象，用形态变化语法词缀 -maha、-mehe 及 -me 来表示。动词词根或词干后面接缀这些词缀，则表示现在正在实施的具有形容词功能和作用的形动词语法概念。其中，-maha 和 -mehe 要遵循元音和谐规律来使用。例如：

tere otʃi ere erinde bithe hūla-**maha** niyalma
他　是　这　时间　书　读　现在　人
他是现在这个时间正在读书的人。

ne tatʃikūde gene-**mehe** tatʃisi labdu bi
现在　学校　去　现在　学生　多　有
现在去学校的学生有很多。

bi tubade te-**me** buda dʒe-**mbi**
我　那里　坐现在　饭　吃现在
我现在坐在那里吃饭。

上面三个句子中，使用有形态变化语法词缀 -maha、-mehe 及 -me 的现在时形动词 hūla-maha（hūla-maha）"现在读的"、genemehe（gene-mehe）"现在去的"及 teme（te-me）"现在坐的"，先后出现在名词 niyalma "人"、tatʃisi "学生"、buda "饭"的前面，从而修饰了后面的名词，同时表达与这些名词密切相关的动作行为。此外，也有用形态变化语法词缀 -raŋge、-reŋge、-roŋge 等表示现在时形动词语法概念的现象。例如：

tere otʃi tatʃisibe kadala-**raŋge** sefu
他　是　学生　管理　现在　老师
他现在是管理学生的老师。

sini　gisure-**reŋge**　gisun　umesi　inu
你　说的 现在　话　很　对
你现在说的话很对。

etuku　obo-**roŋge**　mini　sargan
衣服　洗 正在　我的　妻子
正在洗衣服的是我妻子。

　　根据元音和谐规律，形态变化语法词缀 -raŋge、-reŋge、-roŋge 分别使用于动词词根或词干 kadala-"管理"、gisure-"说"、obo-"洗"后面，构成现在时形动词 kadalaraŋge（kadala-raŋge）、gisurereŋge（gisure-reŋge）、oboroŋge（obo-roŋge），从而表示"现在管理的""现在说的""现在洗的"等现在时形动词语法概念。

二　现在将来时

　　满语形动词也有现在将来时形态变化语法现象，且用形态变化语法词缀 -ra、-re、-ro 等来表现。事实上，这类形态变化语法词缀在现在将来时形动词范畴中使用得十分广泛，不仅可以用于表达现在将来时形动词语法概念，还可在使用有 ne"现在"或 amaga"将来"等时间副词的句子里分别表达现在时或将来时形动词形态变化语法概念。从这个角度上讲，形态变化语法词缀 -ra、-re、-ro 能够表示现在将来时、现在时、将来时三个不同时间内发生的动作行为。此外，这套形态变化语法词缀有元音和谐现象，所以使用时应遵循其元音和谐规律。例如：

tere otʃi amba tatʃikūde bithe hūla-ra niyalma
他　是　大　学校　书　读　人

他是现在或将来在大学读书的人。

bi hotonde gene-re sedʒende tembi
我　城　去　车　乘坐

我现在或将来要乘坐去城里的车。

ne embitʃi amaga ere baitabe tokto-ro niyalma
现在　或　将来　这　事　定　人

otʃi mini ama
是　我　爸爸

现在或将来决定此事的是我爸爸。

ne sinide ere alinbe tafa-ra arga bitʃi nio
现在　你　这　山　攀登　办法　有　吗

现在你有攀登这座山的办法吗?

ere otʃi mini amaga gene-re amba tatʃikū
这　是　我　将来　去的　大　学校

这是我将来要去的大学。

以上第一句和第二句里,在没有出现时间副词 ne"现在"和 amaga

"将来"提示情况下，现在将来时形动词形态变化语法词缀 -ra 和 -re 分别使用于动词词根 hula- "读"和 gene- "去"的后面，构成现在将来时形动词 hūlara（hūla-ra）与 genere（gene-re），从而修饰后面的名词 niyalma "人"和 sedʒen "车"，并阐述了作为句子主语的 tere "他"与 bi "我"要实施的动作行为。第三句，为了强调现在或将来的 toktoro niyalma "决定者"是 ama "爸爸"，句首使用了时间副词 ne "现在"和 amaga "将来"。第四句和第五句中分别使用了时间副词 ne "现在"和 amaga "将来"，所以在这两个句子里的现在将来时形动词形态变化语法词缀 -ra 和 -re，先后表示了现在形动词和将来形动词形态变化语法概念。

三　过去时

满语过去时形动词语法概念，用形态变化语法词缀 -ha、-he、-ho 及 -ka、-ke、-ko 来表示，并按照元音和谐原理将形态变化语法词缀 -ha、-he、-ho 或者 -ka、-ke、-ko 使用于动词类词词根或词干，从而阐述过去时形动词形态变化语法现象要表达的意义。例如：

tere	otʃi	bithebe	hūla-ha	tatʃisi
他	是	书	读过的	学生

他是读过书的学生。

alinde	gene-he	dʒui	ere	mudan	ume	genere
山	去过的	小孩	这	次	不	去

去过（这座）山的小孩这次不要去。

ere baitabe tokto-**ho** niyalma otʃi mini ama
这 事 决定过的 人 是 我 爸爸
决定过此事的是我爸爸。

si gemuni ere mudʒilen kūbuli-**ka** niyalmabe
你 还 这 心 变了的 人

dʒonofi ainambi
提 干什么
你还提这变了心的人干什么？

dule-**ke** baitabe geli dʒonofi ainambi
过去了的 事情 再 提起 干什么
过去的事情再提干什么？！

mooi abdaha soro-**ko** forgon erinbe bolori sembi
树 叶 发黄过的 季节 时间 秋天 称作
树叶发黄了的季节就叫秋天。

　　过去时形动词形态变化语法词缀 -ha、-he、-ho 以及 -ka、-ke、-ko 遵循元音和谐规律，先后使用于上述六个句子里出现的动词 hūla-"读"、gene-"去"、tokto-"决定"、kūbuli-"变化"、dule-"过去"、soro-"发黄"后面，构成包含过去时形动词形态变化语法概念的动词 hūlaha（hūla-ha）"读过的"、genehe（gene-he）"去过的"、toktoho（tokto-ho）"决定过的"、kūbulika（kūbuli-ka）"变化了的"、duleke（dule-ke）"过去的"、soro-ko（soro-ko）"发黄过的"等，由此表示对后续名词类词的修饰，同时阐述句子主语在过去时间里实施的动作行为。不过，也有人提出，满语里还有一套强调过去时概念的形态变化语法词缀-hala、-hele、-holo 等。例如，alahala(ala-hala)"已告诉过后的"、edʒehele（edʒe-hele）"已记住过了的"、oboholo（obo-holo）"已洗过了的"等。另外，形动词还可以出现于句首。如上面的第五个例句所示，过去时形动词 duleke（dule-ke）"过去的"位于句首。

研究表明，满语动词类词的形动词后面，还可以使用名词类词的格形态变化语法词缀等。例如，alarade（ala-ra-de）"在现在或将来告诉的"、eterebe（ete-re-be）"把现在或将来取胜的"、tehederi（te-he-deri）"从坐过的"、toktohoderi（tokto-ho-deri）"比决定过的"等，在现在将来时形动词 alara 和 etere 及过去时形动词 tehe 与 toktoho 后面，分别使用了位格形态变化语法词缀 -de、宾格形态变化语法词缀 -be、从格形态变化语法词缀 -deri、比格形态变化语法词缀 -deri。由此构成接缀有格形态变化语法词缀的形动词 alarade、eterebe、tehederi、totkohoderi 等。

思考题

一、满语动词类词形动词形态变化语法现象的功能和作用是什么？

二、满语动词类词的形动词如何分类？

三、满语动词类词形动词同其他动词类词有什么区别性特征？

第十四课
副动词形态变化结构类型

　　满语有副动词。顾名思义，副动词是指副属性动词，副动词不能用来充当句子结束成分，即不能够作为句子终止型出现在句末。满语动词类词的副动词，作为副属性动词位于句子主要动词前，跟句末使用的主要动词紧密合作，给句子主要动词增加副属性概念的同时，进一步优化完成主要动词表示的动作行为。满语副动词，在句子中往往充当宾语、状语、补语等。满语副动词是在动词词根或词干后面，接缀一系列形态变化语法词缀而派生出的包含不同概念、发挥不同副属性作用的动词类词特定结构类型。根据满语副动词在句子中发挥的不同功能和作用，可以分为并列副动词、顺序副动词、条件副动词、连续副动词、终止副动词、极尽副动词、跟随副动词、假定副动词、未完成副动词等。

一　并列副动词

　　满语动词类词副动词范畴的并列副动词是指，与句子主要动词的动作行为同时进行的副属性动作行为，用形态变化语法词缀 -me 来表现。由于该词缀没有元音和谐现象，所以可以接缀于由不同元音构成的动词词根或词干。例如：

bi	tere	niyalmai	doroi	dʒakabe	**ali-me**	gaimbi
我	那	人的	礼仪	物品	接	受了

我接受了那个人的礼物。

mini	deo	gutʃui	dʒakabe	**gūtubu-me**	efulehe
我	弟弟	朋友的	东西	损	坏了

我弟弟损坏了朋友的东西。

这两个句子里，并列副动词形态变化语法词缀 -me 先后使用于动词词根或词干 ali-"接受"和 gūtubu-"损害"后面，构成 alime（ali-me）与 gūtubume（gūtubu-me）两个并列副动词。在此基础上，并列副动词凭借其副属性功能和作用，帮助句子主要动词 gaimbi "受"及 efulehe "坏了"完美表达了 alime gaimbi "接受"和 gūtubume efulehe "损坏了"这两个具有并列和主次关系的动作行为。

二 顺序副动词

副动词范畴的顺序副动词主要表示顺着次序进行或完成的副属性动作行为。按规定，作为副属性动词的顺序副动词同样出现于句子主要动词的前面，表达顺着次序进行的副属性动作行为。在满语中，顺序副动词形态变化语法词缀是 -fi。该词缀同样不受元音和谐规律的影响和制约。例如：

aniyai	dubede	**boola-fi**	bodobumbi
年	终	申报	想

打算到了年终申报。

ᠪᡳ　ᠪᡳᡵᠠᡳ　ᠴᡳᡴᡳᠨᠪᡝ　ᡩᠠᡥᠠ　ᠶᠠᠪᡠᠮᠪᡳ

bi　birai　tʃikinbe　**daha-fi**　yabumbi
我　河　岸　顺　走
我顺着河岸走。

　　顺序副动词形态变化语法词缀 -fi，在上述两个句子中使用于动词词干 boola-"申报"和动词词根 daha-"沿着"后面，构成 boolafi（boola-fi）、dahafi（daha-fi）两个顺序副动词。这两个顺序副动词使用于句子主要动词 bodobumbi"想"及 yabumbi"走"之前，从而帮助主要动词完整地表达了"顺着年终的到来"boolafi bodobumbi"想申报"，以及"沿河岸"dahafi yabumbi"顺着走"这两个有其顺序关系的动作行为。

三　条件副动词

　　满语副动词范畴的条件副动词指的是，使用于句子主要动词之前，给主要动词的产生或发生提供前提条件的副属性动作行为。条件副动词形态变化语法词缀由 -tʃi 来充当。由于该词缀同样没有元音和谐现象，可以接缀于由不同元音构成的动词词根或词干。例如：

ᠪᡳ　ᡝᡵᡝ　ᡳᠨᡝᠩᡤᡳ　ᠰᡳᠨᡳ　ᡤᡝᠨᡝ　ᡠᡵᡤᡠᠨᠵᡝᠮᠪᡳ »

bi　ere　ineŋgi　sini　**gene-tʃi**　urgundʒembi
我　这　天　你　去　高兴
我因为你今天去而高兴。

ᠰᡳᠨᡳ　ᡤᡳᠶᠠᠨ　ᡤᡳᠰᡠᡵᡝ　ᡩᠠᡥᠠᠪᡠᡥᠠ »

sini　giyan　**gisure-tʃi**　dahabuha
你　道理　讲　服从
因为你讲道理才服从了你。

显然，这两个句子里，条件副动词形态变化语法词缀 -tʃi 分别接缀于动词词根及词干gene-"去"与gisure-"讲"后面，构成条件副动词 genetʃi（gene-tʃi）及 gisuretʃi（gisure-tʃi）。由此，从条件副动词层面帮助完成了 gene-tʃi urgundʒembi "（因为你）去而高兴"和 gisure-tʃi dahabuha "（因为你）讲道理而服从了你"的动作行为。

四　连续副动词

顾名词义，连续副动词指的是，连续性发生副属性动作行为。满语里要用 -hai、-hei、-hoi 等形态变化语法词缀来表示。因为该词缀系统有元音和谐规律，使用时要遵循其规定要求。例如：

ere niyalma ere udu ineŋi **sirandu-hai** weilembi
这　人　　　这　几　天　　连续不断　　工作
此人这几天连续不断地工作。

mini deo **te-hei** amgambi
我　弟弟　坐着　睡
我弟弟继续坐着睡。

满语连续副动词形态变化语法词缀 -hai 和 -hei 先后使用于动词词根及词干 sirandu-"连续不断"与 te-"坐"后面，构成连续副动词 sirandu hai（sirandu-hai）及 tehei（te-hei）。由此，从条件副动词角度，帮助后面的主要动词 weilembi "工作"及 amgambi "睡觉"表示 sirandu hai urgundʒembi "连续不断地工作"和 tehei amgambi "继续坐着睡"包含有副属性动作行为的动词概念。

五 终止副动词

满语中的终止副动词，又称直至副动词。这类词所要表达的是进行到一定程度就要终止的副属性动作行为，用形态变化语法词缀 -tala、-tele、-tolo 等表现。将它们使用于动词类词词根或词干后面时，要遵循元音和谐规律。例如：

tatʃisi	tatʃikūderi	yamdʒi	**isi-tala**	bederehe
学生	学校	晚上	到	回来了

学生直到晚上才从学校回来。

tere	baturu	**butʃe-tele**	daharakū.
那	英雄	死至	投降没

那位英雄直到牺牲都没有投降。

mini	ama	tere	baitabe	**tokto-tolo**	aliyaha
我	父亲	那	事	决定至	等了

我父亲一直等到对那件事最后作出决定。

以上这三个句子中，副动词形态变化语法词缀 -tala、-tele、-tolo 按照元音和谐规律，分别使用于主要动词 bederehe "回来了"、daharakū "没投降"、aliyaha "等了" 前的动词词根和词干 isi- "直到"、butʃe- "至死"、tokto- "至决定" 后面，从而构成终止副动词 isitala（isi-tala）、butʃetele（butʃe-tele）、toktotolo（tokto-tolo）。并且，同后面的主要动词一起，完整表达了包含终止副动词内涵的动作行为 isitala bederehe

"直到（晚上）回来"、butʃetele daharakū"至死不投降"、toktotolo aliyaha "等到（最终）决定"。

六 极尽副动词

满语副动词范畴内有极尽副动词。该副动词主要表示某一达到极限的副属性动作行为，或达到终点或尽头的副属性动作行为。极尽副动词用形态变化语法词缀 -tai 与 -tei 来表现，使用时要遵循元音和谐规律。例如：

bi   beyebe   **waliya-tai**   faʃʃambi
我   生命   舍弃   奋斗
我要舍身去奋斗。

ama   deobe   alini   niŋude   isitala   **mitʃubu-tei**   yabubuha
父亲   弟弟   山   顶   直到   爬行   走到了
父亲让弟弟一直爬行到了山顶。

这两个句子里，副动词形态变化语法词缀 -tai 与 -tei 使用于动词词干 waliya-"舍弃"与 mitʃubu-"爬"后面，从而派生出 waliyatai（waliya-tai）和 mitʃubutei（mitʃubu-tei）两个极尽副动词。并且，这两个极尽副动词使用于句末主要动词 faʃʃambi"奋斗"及 yabubuha"走到了"之前，配合主要动词共同表示 waliyatai faʃʃambi"舍尽（生命）奋斗"和"爬到尽头（山顶）"的动作行为。

七　跟随副动词

　　满语副动词中的跟随副动词，又称伴随副动词，往往用于句末主要动词前，表示具有跟随意义的副属性动作行为。该副动词使用的形态变化语法词缀有 -ralame、-relame、-rolame 等。跟随副动词形态变化语法词缀有元音和谐规律，因而使用时遵循使用要求和规定。例如：

bi　　sefui　　kitʃenbe　　**dondʒi-rolame**　　arambi
我　　老师　　课　　　　听　　跟随　　　　写

我边听老师讲课边做记录。

deo　　eniyei　　amargideri　　**daha-ralama**　　yabumbi
弟弟　　妈妈　　后面　　　　跟　跟随　　　　走

弟弟跟在妈妈后面走。

mini　　non　　**gisure-releme**　　indʒembi
我　　妹妹　　说　　跟随　　　　笑

我妹妹边说边笑。

　　跟随副动词形态变化语法词缀 -ralame、-relame、-rolame 按照元音和谐规律先后接缀于动词词根或词干 dondʒi-"听"、daha-"跟"、gisure-"说"后面，构成跟随副动词 dondʒirolame（dondʒi-rolame）、daharalama（daha-ralama）、gisurereleme（gisure-releme）。这些跟随副动词出现于句子主要动词 arambi "写"、yabumbi "走"、indʒembi "笑"之前，表示包含跟随副动词内涵的动作行为 dondʒirolame arambi "跟随听写"、daharalama yabumbi "跟随（后面）走"、gisurereleme indʒembi

"跟随说"等。

八　假定副动词

满语副动词形态变化语法现象里，有表示假定概念的副动词，用形态变化语法词缀 -tʃibe 来表示。由于该词缀没有元音和谐规律，使用时可以出现在任何动词词根或词干后面，进而表达假定性质的副属性动作行为。例如：

tere	niyalmabe	**daha-tʃibe**	yebelerekū
那	人	跟 也	愉快 不

假定跟那个人心里也不愉快。

ama	alinde	**gene-tʃibe**	bederembi
父亲	山	去 也	回来

假定父亲去了山里也要回来。

可以看出，以上两个句子里，接缀有形态变化语法词缀 -tʃibe 的假定副动词 dahatʃibe（daha-tʃibe）与 genetʃibe（gene-tʃibe）出现在句子末尾的主要动词 yebelereku "不愉快" 及 bederembi "回来" 之前，由此构成假定副动词和主要动词连用形式 dahatʃibe yebelerekū 和 genetʃibe bederembi，进而表示包含假定式副动词概念的动作行为 "假定跟（他）也不愉快" 及 "假定去了（山里）也回来"。不过，有时也用形态变化语法词缀 -tʃi 表示假定副动词语法概念。例如，si butʃi giambi "假如你给就要" 一句内，动词词根 bu- "给" 就是接缀了假定副动词形态变化语法词缀 -tʃi，构成假定式副动词 butʃi （bu-tʃi），从而表示 "假如给" 这一假定式副动词语法概念。

九　未完成副动词

满语未完成副动词表示还未完成的副属性动作行为，这类词用元音和谐规律的形态变化语法词缀 -ŋgala 及 -ŋgele 来表示。显然，这两个形态变化语法词缀的构成中应用了元音和谐原理，所以要遵循其使用要求和规则。例如：

mini　gutʃu　baitabe　**wadʒi-ŋgala**　yabuha
我　朋友　事　完　未　走了
我朋友未完事就走了。

eniye　agei　**gisure-ŋgele**　dʒihe
妈妈　哥哥　说　未　来了
妈妈在哥哥还未说完就来了。

未完成副动词形态变化语法词缀 -ŋgala 及 -ŋgele 同样按照元音和谐规律，分别接缀于动词词根 wadʒi- "完" 与动词词干 gisure- "说" 的后面，派生出 wadʒiŋgala（wadʒi-ŋgala）和 gisureŋgele（gisure-ŋgele）两个未完成副动词。并且，同句子末尾的主要动词 yabuha "走了" 及 dʒihe "来了" 相配合，表示包含未完成副动词概念的 "未完成就走了" "未说完就来了" 的动作行为。

不过，满语里除了副动词和句子主要动词连用现象，还有副动词与句子主要动词不连用而在中间插入其他词类的实例。例如，si dʒefi hūdun dʒio "你吃后快来"，该短句里顺序副动词 dʒefi（dʒe-fi）"吃完饭" 和句子主要动词 dʒio "来" 之间就出现了形容词 hūdun "快的"；bi ʃun dositala teni idutʃi hokoho "我在太阳落山后才从班上换下来"，该句子里终止副动词 dositala（dositala）"直到落下"与句子末尾主要动词 hokoho"下来了"之间就使用了 teni idutʃi"才从班上"等词语；tere araralame bithe hūlambi"他跟随写字念书"，该句子中跟随副动词 araralame（ara-ralame）"跟随写"及句末的主要动词 hūlambi"念"之间使用了 bithe"书"一词。满语内像这样副动词和主要动词间使用其他词语的现象确实有不少。此外，也有副动词同句子主要动词分别出现于两个短句的现象。例如，dukade isinatʃi，teni neibuki"到门口，才开门"，其中第一个短句末尾出现使用形态变化语法词缀 -tʃi 的条件副动词 isinatʃi（isina-tʃi）"到了后"，第二个短句末尾出现主要动词 neibuki"使开"。但是，比较而言，副动词及句子主要动词分别出现于两个短句的实例并不多。

思考题

一、满语动词类词副动词形态变化语法现象的功能和作用是什么？

二、满语动词类词的副动词是如何分类的？

三、满语动词类词副动词在句中使用时有何要求？一般使用于句子的什么位置？

第十五课
助动词形态变化结构类型

　　阿尔泰语系语言基本上都有助动词，满语动词类词里同样有助动词形态变化语法现象。满语助动词本身没有独立而鲜明的词义特征，也几乎没有单独充当句子谓语的功能和作用。但是，满语动词类词的助动词，可以同句子主要动词合成作谓语。另外，也有同句子主要动词或名词类词合作充当句子宾语等现象。满语助动词，更多依靠句子主要动词或相关名词类词，阐述与前置词之间产生的相关时态、语态、语气以及疑问和否定等语法关系。从满语动词类词的结构关系来看，助动词的形态变化语法现象属于相对复杂的结构体系，这或许同满语动词类词在语言交流和表达中出现的极其丰富而复杂多变的时态、语态、语气以及疑问和否定等表现形式有关。此外，满语助动词基本上都是在动词词根或词干后面接缀约定俗成的形态变化语法词缀而构成。那么，根据助动词在句子中表现的不同功能及其实际作用，可以分为时态助动词、判断助动词、能愿助动词、肯定助动词、语气助动词、否定助动词、疑问助动词七种。在这里，有必要指出的是，助动词与副动词间使用方面的区别性特征是，助动词一般出现在句子主要动词后面，而副动词基本上使用于主要动词的前面。

一　时态助动词

满语助动词范畴的时态助动词，往往出现于句子主要动词或名词类词后面，以此辅助性指称主要动词实施的动作行为的不同时间，以及事情发生的地点等。从这个角度去考虑，时态助动词前的主要动词往往接缀有现在时、现在将来时和过去时等不同时间概念的形态变化语法词缀，从而在时态助动词的辅助下表达动作行为发生的不同时间概念。满语时态助动词由形态变化语法词缀 -me 及后面紧随出现的 bi、bimbi、ombi 等的联合形式构成。不过，在表示过去时的句子里，时态助动词要使用 bihe。例如：

bi　simbe　aliyame　**bi**
我　你　等　在
我在等你。

akdʒan　abkani　dele　akdʒarame　**bimbi**
雷　天　上　打雷　在
天上在打雷。

si　amaga　tere　boode　teme　**ombi**
你　将来　那　房子　住　在
你将来住在那个房子。

bi　dureke　aniyade　simnehe　**bihe**
我　过去的　年　考过　在
我去年就考过了。

这四个句子里，bi、bimbi、ombi 及 bihe 先后使用于由形态变化语法词缀 -me 及过去时形态变化语法词缀 -he 结尾的句子的主要动词 aliyame（aliya-me）、akdʒarame（akdʒara-me）、simnehe（simne-he）的后面，从而辅助主要动词表示"现在在等""现在在打雷""将来住在""考过了"的动作行为。此外，时态助动词还有同前置主要动词以黏着性形式使用的现象。例如，tere emgeri dʒihebi "他已经来了"这一短句内句子末尾使用的 dʒihebi（dʒihe-bi）"已经来了"的 -bi 本属于独立性或者分离式使用的时态助动词 bi，然而它却以黏着性结构形式使用于过去时动词 dʒihe "来了"后面。再如，在 sini boo aibade tehebi "你家住在了哪里？"一句中，句子末尾的动词 tehebi（tehe-bi）"住在了"的 -bi 也是属于独立而分离式使用的时态助动词 bi，但它也以粘着形式使用于过去时动词 tehe "住在了"后面。其实，在满语里时态助动词以黏着性形式使用的现象有不少。不论怎么说，满语时态助动词中 -me + bi > mbi、-me + bimbi、-me + bihe 等有一定使用率。

二　判断助动词

满语动词类词助动词范畴有具有判断功能和作用的判断助动词 aise。在句子末尾使用该判断助动词时，前置主要动词根据元音和谐规律往往要接缀形态变化语法词缀 -ha、-he、-ho 等。例如：

aintʃi　hiri　amgaha　**aise**
想必　完全　睡觉了　可能
想必可能完全睡觉了。

mini	non	neneme	genehe	**aise**
我	妹妹	先	去了	也许

我妹妹也许先去了。

ere	baita	oŋgobuho	**aise**
这	事	被忘了的	可能

这可能是被遗忘了的事情。

terei	deo	eneŋgi	hotonde	dʒihe	**aise**
他	弟弟	今天	城	来了	可能

他弟弟今天可能来城里了。

显而易见，上述四个句子里，判断助动词 aise 分别出现于接缀形态变化语法词缀 -ha、-he、-ho 的句子主要动词 amgaha（amga-ha）、genehe（gene-he）、oŋgobuho（oŋgobu-ho）、hotonde（hoton-de）的后面，从而辅助主要动词表示包含判断概念的动作行为"可能睡了""也许去了""可能忘了"及"可能来了"等。此外，判断助动词 aise 还经常使用于接缀否定形态变化语法词缀 -kū 的动词后面。例如，umai sarkū aise "可能不知道"、boode akū aise "或许不在家"等短句内判断助动词使用于接缀否定形态变化语法词缀 -kū 的否定动词 sarkū（sar-kū）"不知道"及 akū（a-kū）"不在"后面，辅助句子主要动词表示"可能不知道""或许不在"等具有否定意味的动作行为。

三　能愿助动词

满语助动词范畴的能愿助动词有较为丰富的表现形式，其中最具代表性是 mutembi "能""会"、atʃambi "可以""能够"、ombi

"应能""可以""行"、sembi"愿意""想要"等。这些能愿助动词使用于句子主要动词后面，辅助其完成要实施的某一动作行为，同时给主要动词辅助性增加来自能愿关系的语态。例如：

tere sedʒenbe bi arame **mutembi**
那   车   我   制作   能
我能制作那辆车。

si minde madʒige dʒoriʃatʃi **atʃambi**
你 我   一点   指教   能
你能给我一点指教。

ere baitabe bi gisureme **ombi**
这   事   我   说   应能
这事我应能说清楚。

bi ere bithebe hūlara gūnime **sembi**
我 这   书   读   想   愿
我想读这本书。

在上面四个句子中，能愿助动词 mutembi、atʃambi、ombi、sembi 按照句子要表达的实际意义及其需求，分别使用于主要动词 arame "制作"、dʒoriʃatʃi "指教"、gisureme "说"、gūnime "想"后面，从而表示"能制作""能指教""应能说""希望读"的能愿关系和语态的动作行为。能愿助动词里使用率比较高的是 mutembi。

四 肯定助动词

满语里常见的肯定助动词有 bi "是" 和 oho "是" "成" 等。很有意思的是，该助动词在句末使用于前置动词后面，且更多出现于句子末尾的名词类词后面。但是，不论在动词后面出现，还是名词类词后面使用，都与前置词合成句子谓语，并辅助增加肯定语气。例如：

bi enengi amdʒii boode efime **bi**
我 今天 伯父 家 玩 是
我今天在伯父家玩。

si inu **oho**
你 正确 对
你正确。

tere dʒaka mininge **inu**
那 东西 我的 对
那是我的东西。

moo emgeri niowangiyan **oho**
树 已 绿 成
树已经绿了。

dʒuwarii agai muke yargiyan labdu **oho**
夏天 雨 水 真的 多 是
夏天雨水真多。

不难看出，上面的例句末尾出现的肯定助动词 bi、oho、inu，先后使用于动词 efime "玩"及名词类词 inu "正确"、miniŋge "我的"、niowaŋgiyan "绿的"、labdu "多的"后面，给句子谓语辅助性增加了来自肯定助动词的语气。满语肯定助动词有较高的出现率。比较而言，肯定助动词 bi 与 oho 的使用率高于 inu 的使用率。

五　语气助动词

满语中使用的语气助动词主要有 sembi "是"和 aibi "岂能""岂不"，它们出现于句子末尾，并辅助前置动词完成包含语气助动词语态的动作行为。例如：

aibade	genehele	gemu	gisun	weribume	**sembi**
哪儿	去	都	言	留下	确是

不论去哪儿都留言。

tere	niyalmai	ere	gisun	taʃaraha	**sembi**
那	人	这	话	错了	确是

那个人的这句话错了。

bi	tere	baitade	ʤohoʃoro	**aibi**
我	那	事	操心	岂能

我岂能为那事操心。

si	uneŋgi	genetʃi	amtʃara	**aibi**
你	真	去	赶趟	岂不

你真想去岂不赶趟。

上面的四个句子中，语气助动词 sembi 和 aibi 分别在句子末尾使用于动词 weribume "留下"、taʃaraha "错了"、dʒohoʃoro "操心"、amtʃara "赶趟"后面，进而辅助句子主要动词表示具有浓重助动词语气的动作行为"（确是）留下""（确是）错了""岂能操心""岂不赶趟"。不过，"（确是）留下"和"（确是）错了"也可以说成"（是）留下"及"（是）错了"等。在满语中，sembi 是一个有相当高使用率的语气助动词，其使用关系及所使用的语言环境等也十分复杂。

六　否定助动词

满语助动词中用 waka 及 akū来表示否定助动词的否定语气。毫无疑问，否定助动词同样也使用于句子末尾。不同之处是，否定助动词前面出现的绝大多数是名词类词，且否定助动词跟前置名词类词共同构成包含否定意义的动作行为。例如：

ere　dʒaka　meni　booniŋge　**waka**
这个　东西　我们　家的　　不是
这个东西不是我们家的。

mini　deo　ani　utʃuri　ere　duruni　niyalma　**waka**
我　弟弟　平　时　这　样　人　不是
我弟弟平时不是这样的人。

sikse　ineŋgi　halhūn　**akū**
昨天　天　热　不
昨天天不热。

ini　　beye　ere　utʃuri　sain　**akū**

他的　　身体　这　　近　　好　　不

他的身体最近不好。

　　否定助动词 waka 及 akū 先后使用于句子末尾，并同前置的名词类词合作，辅助其表示包含否定意义的"不是（我们）家""不是（这样的）人""不热""不好"的概念。此外，否定助动词 akū 也有以黏着性结构形式使用的现象。例如，ehebe yabutʃi atʃarakū "不应行恶"这一否定句内用于表示否定概念 akū 的 -kū 以黏着性结构形式使用。由否定助动词 akū 演变而来的 -kū 这一黏着性结构类型，在满语中有一定使用率。

七　疑问助动词

　　满语助动词内还包括疑问助动词，主要用 nio 和 bio 语音形式表现。显然，疑问助动词在句子里表现的是疑问语气。也就是说，疑问助动词对于前置的名词类词提出疑问。例如：

sini　non　ʃabi　**nio**

你的　妹妹　学生　吗

你妹妹是学生吗？

tere　boo　deoi　boo　**nio**

那　房子　弟弟　房子　吗

那是弟弟的房子吗？

ere	otʃi	suweni	booni	durugan	**bio**
这	是	你们	家	谱	吗

这是你们的家谱吗？

age	otʃi	ere	morinbe	morilame	**bio**
哥哥	是	这	马	骑	吗

哥哥是骑这匹马吗？

　　这四个句子末尾都使用疑问助动词 nio 和 bio，由此形成了满语的疑问句。有意思的是，在满语疑问助动词前面出现的是 ʃabi "学生"、boo "房子"、booni durugan "家谱"、age "哥哥" 等名词，这说明满语疑问助动词使用于名词类词后面的现象比较多。此外，疑问助动词也有以黏着形式接缀于句子末尾的情况，进而共同构成疑问助动词用于句子。例如：

si	mini	boobe	tuwakiyatʃi	**ombio**
你	我的	家	看守	行吗

你给我看守家吗？

eneŋgi	mini	ama	**dʒimbio**
今天	我	爸爸	来吗

我爸爸今天来吗？

　　这两个句子末尾使用的是同前置动词 om "行" 及 dʒim "来" 合成的黏着性结构形式，或者说是连体型合二为一的疑问助动词 ombio （om-bio）"行吗"、ʤimbio（ʤim-bio）"来吗"，但这些动词仍保留了原来的词义，在句子中发挥了主要动词应有的作用。与此同时，用后续疑问助动词 bio 的黏着性连体结构形式，完美地表达了该疑问句的疑问。事实上，在满语里，同后面某一助动词黏着性连体式使用的现象有不少。除此之外，在句子末尾或句子中间，助动词除了与动词，与其他前置动词类词或名词类词以黏着性连体式结构使用的现象也有不少。甚至，在助动词内部也有以黏着性连体式结构形式使用的实例。例如，疑问助动词 bio 或许就是肯定助动词 bi 和疑问助动词 nio 以 bi + nio > binio > bio 之演化规律相互融合的产物。

其实，满语动词类词中还有其他一些助动词，其使用频率也有不低。可以说，助动词在满语里是一个有一定使用率且使用十分广泛的词类。因此，它本身在句子中辅助性表达的概念，或者说句子内包含的各种时态、语态、语气及疑问和否定等语法关系十分复杂。而且，满语助动词还可以接缀动词类词的相关形态变化语法现象。这类词不只使用于句子末尾的主要动词后面，也可以出现在句子末尾的名词类词后面。满语助动词能够辅助前置动词表现的动作行为增加时态、语态、语气及疑问和否定等内涵，也能够使用于名词类词后面给名词类词所要表达的概念辅助性增加时态、语态、语气及疑问或否定等语法关系。

思考题

一、满语动词类词助动词形态变化语法现象的功能和作用是什么？

二、满语动词类词的助动词如何分类？

三、满语动词类词的助动词在其结构类型上有什么不同？

四、满语动词类词助动词在句中使用时有何要求？

第十六课
句子词组结构类型

　　句法研究对象包括句子成分及其相互间的搭配关系，包括用词造句的内部结构特征和使用规则。其中，还涉及句子中的词组结构特征和类型、句子构成原理及句子不同成分、句子成分所处的位置与作用，还有句子不同结构类型等。本章将要讨论满语句子中的词组结构类型、满语句子词组使用规律、满语句子词组基本结构特征及其构成原理等。

　　众所周知，词组由两个或两个以上的词，根据词与词结合原理及其词义与词义内部搭配规则组合而成。不同词组有不同结构类型，不同词组使用于不同句子，不同词组表达不同词组概念。词组也能够单独成句，如独立词句或短句。不过，不能够由此判断词组是短句。应该说，词组是属于词和句子中间的产物。满语句子有相当丰富的词组，且绝大多数是由名词类词组合而成，或者是名词类词和动词类词组合的产物。不过，也有动词类词组合的词组，甚至还出现名词类词或动词类词同虚词类词组合的词组结构。满语里，根据词组结构原理、结合规则、使用关系，可以分为主谓词组、联合词组、偏正词组、动宾词组、补谓词组、助动词组、能愿词组、数量词组、后置词组、同位词组、肯定词组、否定词组、疑问词组等。

一 主谓词组

满语句子主谓词组主要由前置的名词类词，以及后置的动词类词或形容词组合而成。而且，后置的动词类词或形动词等，往往要发挥前置名词类词进行阐述的作用。例如：

eneŋgi	bi	ʃun	dekdere	erinde	genembi
今天	我	太阳	出来	时	去

今天太阳初升时我就去。

dobori	golmin	otʃi	tuweri	ineŋgi	baita
夜	长	是	冬	天	事

夜长是冬季的季节反应。

这两个句子，分别使用了 ʃun dekdere "太阳升"、dobori golmin "夜长" 两个主谓词组。此外，还有由代词与动词、形容词与动词等构成的主谓词组。例如，bi tuwatʃi "我看"、ba na saikan "地方好"、beye etuhun "身强"、dobori golmin "夜长" 等。

二 联合词组

一般情况下，联合词组由两个或两个以上词义相当的名词类词或动词类词组合而成。换言之，充当联合词组的成分，相互间没有修饰和被修饰或主次关系，而是在完全平等的条件下联合组成的词组。例如：

muse　gemu　sain　**age**　deo
咱们　都　好　兄　弟
咱们都是好兄弟。

hashū　**gala**　**dʒai**　**itʃi**　**gala**　gemu　emu　adali
左　手　和　右　手　都　一　同样
左手和右手都一样。

　　上述两个句子里，分别出现 age deo "兄弟" 及 hashū gala dʒai itʃi gala "左手和右手" 两个联合词组。而且，在第二句里的联合词组中还使用连词 dʒai "和"，这也是满语联合词组的一个特点。除 alin bira "山河"、utʃe fa "门窗"、ihan morin "牛马" 等由名词组合而成的联合词组外，还有代词和代词组合而成的 be dʒai suwe "我们和你们"、ere tere "这个和那个"（这那）、uttu tuttu "这样那样"、uba dʒai tuba "这里和那里"，数词和数词组合而成的 dʒuwe miŋgan orin duitʃi "2024"、emutʃi dʒai dʒuwetʃi "第一和第二"、tumen tumen "万万"，形容词和形容词组合而成的 fulu eberi "强弱"、hūdun manda "快慢"、ʃumin mitʃihiyan "深浅"、kitʃebe hibtʃan tondo akdun "勤俭忠信"，形动词和形动词或动词与动词组合而成的 ibedere bederere "进退"、hūlame arambi "读写"、fargame amtʃambi "追赶"、hoʃʃome ʃerimbi "诈骗"、soŋme sureme toome "哭喊骂" 等等。

三　偏正词组

　　满语词组范畴的偏正词组是由修饰语和中心语组合而成，一般情况下修饰语在前，中心语在后。有些人将偏正词组称为修饰词组，因为它是由修饰语和被修饰语组合而成。在偏正词组里，名词类词及形动词等充当修饰语的现象比较突出，同时由名词类词或形动词及动词等作中心语的占大多数。例如：

ere niyalma otʃi emu **hūdai niyalma**
这 人 是 一 买卖的 人
这个人是一个商人。

bi eneŋgi emhun **amargi gaʃande** genembi
我 今天 独自 后 村 去
我今天独自去后村。

mini deo **albani sedʒende** tehe
我 弟弟 公 车 乘坐了
我弟弟乘坐了公车。

由名词类词组合而成的 hūdai niyalma、amargi gaʃan、albani sedʒende 出现于以上三个句子，分别表示"商人""后村""公车"偏正词组概念。满语内除使用由名词和名词构成的偏正词组外，还有不少由代词和名词组合而成的偏正词组，如 mini boo "我的家"、sini bithe "你的书"、tesei gūnin "他们的想法"、ere ba "此地"，形容词与名词组合而成的 fulgiyan ilha "红花"、fe ba "故土"（旧土）、wesihun andaha "贵客"、hoʃoŋgo dere "方桌"等偏正词组，数词和名词组合而成的 dʒuwe gala "双手"（二手）、emu gūnin "一心"、niŋgutʃi ineŋgi "六号"、uyun morin "九匹马"等偏正词组，形动词与名词组合而成的 sain haha "好汉"、dʒilara eme "慈母"、layara orho "枯草"、soktoho niyalma "醉汉"等偏正词组。此外，还有由数词、形容词、动词、副动词、副词同动词、形容词组合而成的偏正词组。例如，ilan omiha "喝了三杯"、hūdun yabumbi "快走"、yandume baimbi "烦请"、emdubei fondʒimbi "总问"、ambula komso "颇少"、yargiyan wa "真香"。除此之外，满语里还使用拟声拟态词同名词类词或动词类词组合而成的偏正词组，且以拟声拟态词在前，名词类词或动词类词在后的结构形式出现。例如，ser sere gūnin "区区之意"、der sere sidʒigiya "白白的袍子"、ara fara sere dʒilagan "号啕声"、der seme ʃurgembi "战战兢兢（打颤）"等。可以说，拟声拟态词同名词类词或动词类词组合而成的偏正词组，一般都由三个或三个以上的词构成。

四　动宾词组

满语中的动宾词组也称支配词组。该词组主要由支配语和被支配语组合而成，支配语在后，被支配语在前。一般用动词类词充当支配语，名词类词及形动词或相关副词等作被支配语。而且，被支配语往往以接缀宾格形态变化语法词缀 -be 的形式出现。不过，也有 -be 被省略的现象。例如：

ere	baita	otʃi	**erdemube**	**tuwambi**
这	事	是	才艺	看

此事就看才艺。

bei	sefu	ineŋgideri	**giyanbe**	**giyaŋnambi**
我们	老师	每天	理	讲道理

我们老师每天讲道理。

tere	niyalmai	deo	**baturu**	**oho**
那	人的	弟弟	英雄	变成

那个人的弟弟变成了英雄。

上述三个句子中，分别出现了由名词和动词组合而成的 erdemube tuwambi "看才艺"、giyanbe giyaŋnambi "讲道理"、baturu oho "变成了英雄"动宾词组。如前所述，动宾词组还可以由其他名词类词及动词类词组合而成。例如，由代词和动词组合而成的 simbe eimembi "讨厌你"、simbe tutʃibumbi "推荐你"、hesebe baimbi "请指令"、koolibe dʒurʃembi "违法"等动宾词组，由形容词和动词组合而成的 feiŋgebe tutʃibumbi "出陈"、elhebe baimbi "请平安"、itʃebe temgetulembi "标新"等动宾词组，由形动词和动词组合而成的 hūdasirebe nakabumbi "罢市"、sindarabe aliyambi "候选"、atʃarabe tuwambi "酌情"、isindʒiha eʃembi "打到"等动宾词组。有意思的是，满语中还有拟声拟态词与动词组合而成的动宾词组。例如，dʒudʒu dʒadʒabe dondʒiha "听到喊喊喳喳声"等。可以看出这些实例里被支配语几乎都使用了宾格形态变化语法词缀 -be。

五　补谓词组

满语中的补谓词组由补充语和被补充语组合而成。补充语在前，被补充语在后。由名词类词及形动词等充当的补充语，主要对充当被补充语的动词类词或形容词表达的动作行为之趋向、对象、手段、场所、地点以及所要阐述的人或事物的性质形状等进行补充说明。此外，补充语后面往往要接缀位格、与格、造格等形态变化语法词缀。例如：

tere niyalma ere aniya **tuʃande simnembi**
这　人　这　年　职位　考
此人今年考职位。

bei sedʒen eneŋgi **toksode dosimbi**
我们　车　今天　村　进
我们的车今天进村。

　　non　etukube　**mukei obombi**
妹妹　衣服　　水　　洗
妹妹用水洗衣服。

　　这三个句子中，分别出现由名词和动词组合而成的 tuʃande simnembi "考职位"、toksode dosimbi "进村"、mukei obombi "用水洗" 谓语词组。另外，还有由代词和动词组合而成的 minde gelembi "怕我"、terede alaha "告诉他了"、aibide genembi "去哪里" 等补谓词组，由数词和动词组合而成的 ʤuwan giambi "要十个"、emuderi deribumbi "从一开始" 等补谓词组，以及由形动词和动词组合而成的 ʤirgarade dubimbi "习以享受" 等补谓词组。

六　助动词组

　　满语词组范畴还有由助动词同名词类词或动词类词等组合而成的助动词组。而且，助动词一般都使用于其他词类前面。例如：

bi　tere　niyalmabe　otʃi　**etʃike**　sembi
我　那　人　　　是　叔叔　叫
我叫那人叔叔。

ere　duin　amba　alinbe　niyalmasa　gemu　**duin**
这　四　大　山　　人们　都　四
amba gebuŋge alin sembi
大　名　山　叫
人们把这四座大山称为四大名山。

　　上面的两个句子里，分别出现了由名词类词与助动词构成的助动词组 etʃike sembi "叫叔叔" 和 duin amba gebuŋge alin sembi "叫四大名山" 两个实例。此外，还有形容词、数词、代词等与助动词 oho 组合而成的助动词组。例如，amba oho "成大了"、ilan oho "成三了"、miniŋge oho "成我的了" 等。除此之外，还有一些由词组与助动词组合而成的 yargiyan baita obumbi "当作真事"、sain niyalma bihe "曾是好人来着" 等较为复杂的助动词组。

七　能愿词组

满语中的能愿词组是由能愿动词和非能愿动词组合而成，非能愿动词在前，能愿动词在后。非能愿动词在其动词词根或词干后面一般都接缀有 -me 或 -tʃi 等形态变化语法词缀。能愿词组经过能愿动词和非能愿动词的结合，主要表示某一动作行为中包含的能愿关系。例如：

si ere alinderi **ebutʃi** ombi
你 这 山 从 下 应该
你应该从这座山下来。

tere dʒakade eniyede **butʃi** atʃambi
那 物品 母亲 给 应该
那个物品应该给母亲。

mini araha hergenbe **halame** mutembi
我 写的 字 改 能
我写的字能改。

ehe　　gisunbe　　**gisureme**　　**mutatakū**
坏　　　话　　　　说　　　　　不能
不能说坏话。

上述四个句子里,分别出现了由能愿动词和非能愿动词组合而成的能愿词组 ebutʃi ombi "应该下来"、butʃi atʃambi "应该给"、halame mutembi "能改"、gisureme mutatakū "不能说"等。而且,作为非能愿动词的 ebutʃi（ebu-tʃi）、butʃi（bu-tʃi）、halame（hala-me）、gisureme（gisure-me）词根或词干后面都接缀假定式形态变化语法词缀 -tʃi 及形态变化语法词缀 -me。

八　数量词组

满语数量词组,主要由数词和量词组合而成,且数词在前,量词在后。数量词组表示人、事物、动作行为的数量等概念。例如:

ere　　otʃi　　**emu**　　**uhun**　　dambagu
这　　　是　　　一　　　包　　　　烟
这是一包烟。

tere　　otʃi　　**ʤuwe**　　**afaha**　　ʃaŋgiyan　　hooʃan
那　　　是　　　二　　　　张　　　　白　　　　纸
那是两张白纸。

显然,这两个句子分别使用了 emu uhun "一包" 和 ʤuwe afaha "两张"等数量词组。与此相关的还有 ilan yohi "三套"、duin moro

"四碗"、sundʒa gubsu"五朵"、niŋgun yan"六两"等。

九　后置词组

满语中的后置词组主要由后置词同名词类词或动词组合而成，后置词使用于其他词类的后面。例如：

| booi | dolo | dʒuwe | niyalma | amgambi |
| 屋 | 内 | 两 | 人 | 睡觉 |

屋里有两个人睡觉。

| be | gemu | suweni | dʒalin | ubade | dʒihe |
| 我们 | 都 | 你们 | 为 | 这里 | 来了 |

我们都是为你们来到这里。

后置词组 booi dolo"屋内"和 suweni dʒalin"为你们"出现于以上两个句子。此外，还有 dʒihe maŋgi"来后"、dʒetere dʒalin"为了吃"、yabure oŋgolo"走之前"、sinde sasa"与你一起"、emetʃi tulgiyan"除母亲外"、toni ebsihe"尽数"等后置词组。

十　同位词组

满语中的同位词组是指由同等地位关系的两个或两个以上的词组合而成的词组。因此，应该说词的使用顺序没有十分明确的前后之分，只是根据说话者的习惯来定。同位词组表示的是具有完全同等关系的人或事物。例如：

ᡝᠷᡝ ᠵᡠᠸᡝ ᠨᡳᠶᠠᠯᠮᠠ ᠣᠴᡳ ᠠᠮᠠ ᠵᠠᡳ ᡝᠮᡝ

ere　ʤuwe　niyalma　otʃi　**ama**　**ʤai**　eme

这　　两个　　人　　　是　　父亲　　和　　母亲

这两个人是父母。

ᡨᡝᡵᡝ ᠰᡝᡶᡠ ᠣᠴᡳ ᠰᠠᠢᠨ ᠰᡝᡶᡠ

tere　**sefu**　otʃi　sain　sefu

那　　老师　　是　　好　　老师

那位老师是好老师。

　　这两个句子内分别使用了 ama ʤai eme "父母" 及 tere sefu "那位老师" 等同位词组。

十一　肯定词组

　　满语的肯定词组一般由名词类词和肯定助词组合而成，名词类词在前，肯定助词在后。例如：

ᡝᠷᡝ ᠪᠠᡳᡨᠠᡩᡝ ᠰᡳ ᡳᠨᡠ

ere　baitade　**si**　**inu**

这　　事情　　你　　正确

这件事你是正确的。

ᠮᡳᠨᡳ ᠠᠵᡳᡤᡝ ᠵᡠᡳ ᡝᠮᡤᡝᡵᡳ ᠠᠮᠪᠠ ᠣᡥᠣ

mini　aʤige　ʤui　emgeri　**amba**　**oho**

我的　小　　儿子　已经　大　　是

我的小儿子已经长大了。

　　上面的两个句子中，先后使用了 si inu "你正确" 和 amba oho "长大了" 两个肯定词组。

十二　否定词组

满语的否定词组一般情况下由名词类词和否定助词组合而成，名词类词在前，否定助词在后。例如：

ere	ineŋgi	otʃi	**halhūn**	**akū**	ineŋgi	oho
这	天	是	热	不	天	成

今天不热。

mini	seoleme	gūnirede	tere	niyalma	uthai	**niyalma**	**waka**
我	琢磨	想	那	人	就	人	不是

我认为那人就不是人。

可以看出，上面的两个句子分别使用了 halhūn akū"不热"和 niyalma waka"不是人"两个否定词组。

十三　疑问词组

满语词组范畴中也有疑问词组，由名词类词和疑问助词组合而成，名词类词在前，疑问助词在后。例如：

tere	hotʃikon	hehe	otʃi	**non**	**nio**
那	美	女	是	妹妹	吗

那美女是你妹妹吗？

ere　amba　boo　bei　tere　**boo**　**nio**

这　大　房子　我们　住的　房子　吗

这大房子是我们住的房子吗？

以上两个疑问句中分别出现了疑问词组 non nio“妹妹吗”和 boo nio“房子吗”。此外，也有由疑问代词 ai“什么”组合而成的疑问词组。例如：

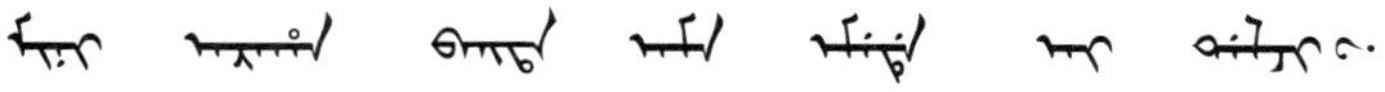

mini　araha　baita　ama　emede　**ai**　**dalʤi**

我　做了的　事　父　母　何　关系

我做过的事与父母有什么关系？

显然，该句子中使用了 ai dalʤi“什么关系”这一疑问词组。除此之外，满语里还有由 ombio“行吗”和 ʤimbio“来吗”与名词类词组合而成的疑问词组。例如，si ombio“你行吗”、deo ʤimbio“弟弟来吗”等。此外，也有由形动词与否定动词构成的否定词组。例如，si sara sarkū“你知道不知道”等。事实上，这也是一种包含强制内涵的疑问词组。

上文我们根据现有的资料，对满语词组范畴里的主谓词组、联合词组、偏正词组、动宾词组、补谓词组、助动词组、能愿词组、数量词组、后置词组、同位词组、肯定词组、否定词组、疑问词组等展开了全面分析和讨论。其中，使用关系比较复杂，使用面也比较广泛的首先是联合词组、偏正词组、动宾词组、补谓词组，其次是主谓词组、助动词组、能愿词组。比较而言，数量词组、后置词组、同位词组、肯定词组、否定词组、疑问词组的使用关系相对简单。总之，在满语里词组的使用率比较高，使用面也比较广，因而成为句子结构研究中不可或缺的组成部分，并对满语句子的使用发挥着重要作用。在这里，还有必要指出的是，满语词组的构成中名词类词和动词类词的形态变化语法现象发挥着不可忽视的作用。特别是，名词类词格形态变化语法词缀，以及动词类词式形态变化语法词缀等，具有相当重要的构成词组作用。也就是说，满语句子的词组结构中，许多前置名词类词接缀有格形态变化语法词缀，后置动词类词也多数情况下接缀有式形态变化语法词缀。

思考题

一、满语词组结构性特征是什么？

二、满语词组如何分类？

三、满语词组中联合词组和同位词组的区别性特征是什么？

第十七课
句子及其句子成分

　　句子是人类语言交流的重要内容。人们有什么样的交流需求，就会使用什么样的语句。若想简单交流，句子结构则比较简单，若想复杂交流，句子结构也会变得复杂。但是，无论是简单句、常用句，还是复杂句，都应该表示一个完整的意思。这里所谓的简单句是指由一个或两个词或词组构成的句子，常用句或者说一般句是指有主谓宾或是人们日常交流中常用的主语、谓语、宾语、定语、状语、补语六种成分的句子，复杂句是由两个或两个以上的从句构成并有插入语等内容的句子。那么，满语作为阿尔泰语系语言，其句子基本结构类型是主宾谓格式，即主语在前、宾语在中间、谓语在后。例如，bi sinde bumbi "我给你"，该句子里 bi "我" 是主语，sinde "你" 是宾语、bumbi "给" 是谓语。满语的句子成分里同样包括主语、谓语、宾语、定语、状语、补语、插入语及呼语等。其中，主语、谓语、宾语是句子主要成分，而定语、状语、补语、插入语和呼语等属于次要成分。

一　主语

　　主语是满语句子的主要成分，一般位于句首，主要由名词类词及形动词充当。主语是句子的陈述对象，要回答"什么""谁"等问题。例如：

eniye boode bimbi
母亲 家 在
母亲在家。

morin sedʒen eneŋi bei gaʃande dʒihe
马 车 今天 我们 村 来了
马车今天来到了我们村里。

tere otʃi mini sefu
他 是 我的 老师
他是我的老师。

emutʃi otʃi mini non ombi
第一 是 我 妹妹 成
第一是我妹妹。

fulgiyan otʃi mini tʃihalara botʃo
红 是 我 喜爱的 颜色
红色是我喜爱的颜色。

ubade tehe terei age deo
这里 坐的 他的 兄 弟
这里坐的是他的兄弟。

这六个句子里，分别在句首出现的名词 eniye"母亲"和 morin sedʒen"马车"、代词 tere"他"、序数词 emutʃi"第一"、形容词 fulgiyan "红的"及过去时形动词 tehe"坐的"充当了句子的主语。第六个句子里出现的形动词 tehe"坐的"基本上被名词化了，其表示的应该是"坐的人"之意。此外，也有词组充当句子主语的现象。例如，hūdai niyalma otʃi dʒiha labdu bi "商人有很多钱"。该句子之首出现的偏正词组 hūdai niyalma "商人"，在句子中充当了主语。

二 谓语

满语的谓语同样是句子中的主要成分，谓语对主语动作或状态及其特征等进行陈述或说明，回答句子中的"做什么""是什么"或是"怎么样"等问题。在满语句子中主要由动词或动词类词充当谓语，也有名词类词或词组做谓语的现象。此外，满语句子谓语基本上都出现在句子的末尾。例如：

age   **genehe**
哥哥   去了
哥哥去了。

bei   abalara   indahūn   alinde   gūlmahūn   **dʒafambi**
我们   猎   狗   山上   兔子   抓
我们的猎狗在山上抓兔子。

ere   ʃaŋgiyan   morinbe   yaluha   niyalma   mini   **ama**
这   白   马   骑的   人   我   父亲
骑这匹白马的人是我父亲。

mini　adʒige　deo　otʃi　**tere**
我　　小的　　弟弟　是　　他
我的小弟弟是他。

tese　niyalmai　ton　otʃi　**dʒuan**
他们　人　　　数　　是　　十
他们的人数是十。

ere　ilhai　botʃo　otʃi　**fulgiyan**
这　花　　颜色　是　　红
这花的颜色是红色。

muse　gemu　sain　**age**　deo
咱们　都　　好　　兄　　弟
咱们都是好兄弟。

　　在以上七个句子末尾出现的动词 genehe"去了"和 dʒafambi "抓"、名词 ama "父亲"、代词 tere "他"、数词 dʒuan "十"、形容词 fulgiyan "红的"及联合词组 age deo "兄弟"分别充当了句子谓语。其中，数词 dʒuan "十"与形容词 fulgiyan "红的"均有"十（人）"与"红的（花）"等名词化现象。在满语里动词充当谓语的现象占绝对多数。

三　宾语

　　满语里的宾语也是一个十分重要的句子成分，它往往同主语和谓语构成句子，且经常以接缀名词类词宾格形态变化语法词缀 -be 的形式出现。满语中的宾语更多出现于主语和谓语之间，宾语作为动作行为的接受者更多服务于句子的谓语。此外，满语句子中主要由名词类词及形动词充当宾语。例如：

bi　**nonbe**　gūnimbi
我　妹妹　　想
我想妹妹。

tere　niyalma　**ʃaŋgiyan**　**morinbe**　yaluha
那　　人　　　白　　　　马　　　骑了
那个人骑了白马。

non　**terebe**　tʃihalambi
妹妹　他　　　喜欢
妹妹喜欢他。

mini　deo　eneŋgi　**emutʃibe**　bahaha
我　　弟弟　今天　第一　　　获得
我弟弟今天获得第一。

[Manchu script line]

bi **ambabe** gaimbi
我 大的 要
我要大的。

[Manchu script line]

eniye utʃun **utʃulerebe** tʃihalambi
母亲 歌 唱 喜欢
母亲喜欢唱歌。

名词 nonbe（non-be）"妹妹"和 ʃaŋgiyan morinbe（ʃaŋgiyan morin-be）"白马"、代词 terebe（tere-be）"他"、序数词 emutʃibe（emutʃi-be）"第一"、形容词 ambabe（amba-be）"大的"、形动词 utʃulerebe（utʃulere-be）"唱的"等，先后出现于上述六个句子内，且均接缀有宾格形态变化语法词缀 -be，从而充当了句子中的宾语。这些句子的宾语使用于句首或句首部分的主语及句尾谓语的中间，并作为动作行为的承受者，阐述句子谓语表示的动作行为之目的、对象和结果等。

四　定语

满语句子定语作为句中次要成分，一般都使用于名词类词前面，充当人或事物的领属、性质、状态、特征、数量等的修饰成分。因此，满语的名词类词基本上都可以做定语。而且，在句子中定语更多的时候用于修饰主语和宾语。此外，定语接缀领格形态变化语法词缀 -i 的现象比较突出。例如：

[Manchu script line]

ere ʃaŋgiyan morin otʃi **agei** morin
这 白 马 是 哥哥的 马
这匹白马是哥哥的马。

terei　morin　umesi　sain
他的　马　非常　好
他的马非常好。

bi　**ilani**　emube　sinde　bumbi
我　三的　一　你　给
我把三分之一给你。

fulgiyani　dergide　sindambi
红的　上面　放
放在了红的上面。

　　显然，上述四个句子里，作为定语并接缀有领格形态变化语法词缀 -i 的名词 agei（age-i）"哥哥的"、代词 terei（tere-i）"他的"、数词 ilani（ilan-i）"三的"、形容词 fulgiyani（fulgiyan-i）"红的"，分别使用于名词 morin "马"、数词 emu "一"、方位名词 dergide "上面"等名词类词前，从而对它们的领属关系及其性质、数量等做了说明。不过，满语里也有形动词充当定语的实例。例如，gisurei erin "说的时间"。这一短句里，接缀有现在将来时形态变化语法词缀 -re 的形动词使用于名词 erin "时间"的前面，从而阐述了"说"和"时间"之间的领属关系。

五　状语

　　满语中的状语也是句子次要成分，一般出现在动词和形容词前面，从状态、时间、处所、方式、原因、条件、对象、目的、范围及程度等角度，对充当谓语的动词类词或形容词等发挥修饰及限制作用。而且，满语中名词类词、副动词、副词、拟声拟态词等也可以充当状语。例如：

sikse　deo　**gaʃande**　isinaha
昨天　弟弟　村　　　到了
昨天弟弟到了村里。

mini　adʒige　non　**dʒakūn erinde**　amgambi
我　小　妹妹　八　点　睡觉
我小妹妹八点睡觉。

tere　niyalma　minbe　**hadahai**　tuwambi
那　人　我　直盯着　看
那个人直盯着看我。

bi　**madʒige**　omime　uthai　soktombi
我　少　喝　就　醉
我喝一点就醉。

eneŋgi　**nimaŋgide**　generakū
今天　雪　去不
今天因雪（因为有雪）不去。

ᠠᡤᡝ ᠢᠯᡳᡥᠠᡳ ᠶᠠᠪᡠᡥᠠ

age **ilihai** yabuha

哥哥　立刻　　走了

哥哥立刻走了。

ᠪᡝ ᡤᡝᠮᡠ ᡤᡳᠩᡤᡠᠨ ᠣᠯᡥᠣᠪᠠᠮᡝ ᠶᠠᠪᡠᠮᠪᡳ

be gemu **giŋgun** olhobame yabumbi

我们　都　　谨慎　　小心　　　走

我们都小心谨慎地走路。

上面列举的七个句子中，分别使用了表示处所、地点、目的、范围等方面的名词 gaʃan "村"、指称时间和范围的时间名词 dʒakūn erin "八点"、表现状态的副动词 hadahai "直盯着"、指程度的形容词 madʒige "少的"、说明原因与条件的名词 nimaŋgi "雪"、表示状态和方式的副词 ilihai "立刻"，以及表示状态方式的同位词组 giŋgun olhobame "小心谨慎" 等充当了句子的状语。

六　补语

满语句子中的补语，主要补充说明谓语的内容、意义、结果、趋向、手段等。而且，满语的补语经常以接缀名词类词与格形态变化语法词缀 -de、方向格形态变化语法词缀 -de 或 -tʃi、造格或领格形态变化语法词缀 -ni 或 -i、从格及比格形态变化语法词缀 -tʃi 或 -deri 等的结构形式出现。此外，满语中名词类词及动词充当补语的现象较突出。例如：

ᡝᠨᡝᠩᡤᡳ ᠪᡝ ᡤᡝᠮᡠ ᠰᡝᡶᡠᡩᡝ ᡳᠯᡝᡨᡠᠯᡝᠮᡝ ᠠᠯᡤᡳᠮᠪᡠᡥᠠ

eneŋgi be gemu **sefude** iletuleme algimbuha

今天　我们　都　　老师　　表彰　　赞扬

今天我们都被老师表扬了。

bi **adʒigetʃi** bithe hūlarabe tʃihalambi
我 小的 书 读 爱好
我从小就爱好读书。

ʃabinar gemu sefu **niyalmai** wesihulembi
学生们 都 老师 人 尊敬
学生们都尊敬当老师的人。

si **mintʃi** den bi **sintʃi** faŋkala
你 我 高 我 你 矮
你比我高，我比你矮。

nadantʃi sundʒa ekiyetʃi dʒuwe bahambi
七 五 减 二 得到
七减五得二。

tere niyalma **giyaŋnarade** amta akū
那 人 讲理 兴趣 没有
那人对讲理不感兴趣。

这里列举的六个句子中，分别出现了接缀有与格形态变化语法词缀 -de、方向格形态变化语法词缀 -de 或 -tʃi、造格形态变化语法词缀 -ni 或 -i、从格和比格形态变化语法词缀 -tʃi 或 -deri 的名词 sefude(sefu-de)、形容词 adʒigetʃi（adʒige-tʃi），名词 niyalmai（niyalma-i）、mintʃi（min-tʃi）和 sintʃi（sin-tʃi），数词 nadantʃi（nadan-tʃi），形动词 giyaŋnarade（giyaŋnara-de），从而构成补语"老师与""从小""对人（向人）""比我""比你""从七""对讲理"等。此外，也有像 emu uhunderi dʒuwe uhun sain "两包比一包好" 内，接缀比格形态变化语法词缀 -deri 的数量词组 emu uhunderi "比一包"。类似用法，满语中出现不少。

七 插入语

顾名思义，插入语就是指句子中插入的特殊用语。一般来讲，插入语同其他句子成分不产生直接结构关系，它相对独立存在，并给整个句子增加新的内涵或某种附加意思。满语里，多数情况下由特定词语、词组和短语等充当句子插入语。此外，通常用逗号等符号将插入语同整个句子结构相互区别。例如：

tuwatʃi	bei	sefu	tatʃikūde	isinahakū
看来	我们	老师	学校	到没

看来，我们老师未到学校。

bei	ubade	**bihe**	**bihei**	doksin	edun	hahi	aga	dʒihe
我们	这里	待着	待着	强	风	暴	雨	来了

在我们这里，待着待着，强风暴雨来了。

mini	ama	gisurehe	**be**	dʒai	**suwe**	dʒai	umai
我	父亲	说了	我们	和	你们	再	竟然

entʃu	gisun	akū
其他	话	无

我父亲说了，我们和你们竟然无话可说了。

ere	baitabe	bi	sambi	i	uneŋgi	gelere	otʃi
这	事	我	知道	他	真的	怕	是

ini	tʃisui	dʒai	gelhun	akū	uttu	odʒorokū	ombi
他	随意	再	敢	不	这样	将好不	做

此事我知道，他真的怕，他再也不敢随意这样做。

以上四个句子中，第一句在句首使用的是动词插入语 tuwatʃi "看来"，第二句中使用副词插入语 bihe bihei "待着待着"，第三句内插入了联合词组 be dʒai suwe "我们和你们"，第四句中出现了 i uneŋgi gelere otʃi "他真的怕"这一短语式插入语。

八　呼语

呼语指的是句子中人们对人或事物的称呼和呼唤，同样属于句子的相对独立性成分，具有一定灵活性使用功能和作用。因此，可以出现于句首、句中或句尾。名词类词充当呼语的实例比较多。例如：

eniye	eneŋgi	si	minde	ere	bithebe	udame	buhe
妈妈	今天	您	我	这	书	买	给

妈妈，今天您给我买这本书。

ʃun	hūdun	mukdekini
太阳	快点	升腾吧

太阳，快点升腾吧！

tere　morin　**age**　bi　tʃihalambi
那　　马　　　哥哥　我　喜欢

哥哥，我喜欢那匹马。（那匹马，哥哥，我喜欢。）

ere　bithebe　saikan　hūlaha　**non**
这　书　　　好好　　读　　　妹妹

这本书要好好读，妹妹。

　　作为呼语的 eniye "妈妈"、ʃun "太阳"、age "哥哥"、non "妹妹"，在以上四个句子里分别相对独立地出现于句首、句中及其句子末尾，由此充分表现出了对 "妈妈" "太阳" "哥哥" "妹妹" 的特别称呼和呼唤，进而发挥了句子的呼语作用。在满语里，呼语也有一定使用率，且大多数在句首出现，使用于句中或句尾的现象并不多。

思考题

一、满语中常用的句子成分有哪些？

二、满语句子里哪些是主要成分？哪些是次要成分？

三、满语句子中的补语和插入语的区别性特征是什么？

四、满语句子的呼语在句中主要位于哪个位置？

第十八课
句子的肯定式和否定式结构类型

　　满语作为阿尔泰语系语言之一，具有该语系语言具有的鲜明特征。根据满语句子表现出的不同结构，以及句子中包含的不同类型，其中还可以分为肯定式陈述句和否定式陈述句两大类，简称为肯定句和否定句。

一　肯定式句子

　　满语的肯定式句子包含肯定语气，其陈述的语句具有肯定关系和意义。也就是说，肯定式句子中的谓语部分不出现任何与否定有关的词语。例如：

mini　noni　banin　umesi　sain
我　　妹妹　性格　　非常　　好
我妹妹的性格非常好。

ere　niyalma　otʃi　bei　gaʃani　tatʃikūi　sefu
这　　人　　　　　是　　我们村　　校的　　　老师
这人是我们村里学校的老师。

naktʃui　morin　dʒulergi　alinde　bimbi
舅舅　　马　　南面　　　山　　在
舅舅的马在南面的山里。

tubade　bithe　hūlame　bisire　niyalma　otʃi
那里　　书　　读　　　在　　　人　　　是
mini　deo　ombi
我　　弟弟　是
在那里正在读书的是我弟弟。

以上列举的四个句子都属于肯定式结构类型，分别肯定了妹妹的性格、那人是村校老师、马在南山、读书的是我弟弟等概念。

二　否定式句子

满语否定式句子充当谓语时表示否定概念。而且句子末尾使用否定语或具有否定意义的动词等。例如：

tere　ehe　niyalmai　gisunbe　akdara　niyalma　akū
那　　坏　人　　　　话　　　相信　　人　　　没
没有人相信那个坏人的话。

dʒulergi　boo　tesei　itʃe　boo　waka
南面的　　房子　他们　新的　房子　不是
南面的房子不是他们的新房子。

ᠰᡳ ᠪᡠᠶᠠ ᠨᡳᠶᠠᠯᠮᠠᡳ ᠭᡳᠰᡠᠨᠪᡝ ᡩᠣᠨᠵᡳᡨᠠᠴᡳ ᠠᡨᠴᠠᡵᠠᡣᡡ ᠁

si	buya	niyalmai	gisunbe	dondʒitʃi	atʃarakū
你	小	人	言	听	该不

你不应该听小人之言。

ᠪᡳ ᠣᡵᠣᠨ ᡳᠨᡠ ᠪᠠᡥᠠᡶᡳ ᠰᠠᠪᡠᡥᠠᡣᡡ ᠁

bi	oron	inu	bahafi	sabuhakū
我	影子	也	得到	看见 没

我连影子也没有看见。

　　这四个句子末尾均使用了否定语 akū "没" 和 waka "不是"，以及具有否定概念的动词 atʃarakū "不应该" 和 sabuhakū "没看见" 等，从而构成否定式句子。

　　满语句子里还有以否定加否定形式进行肯定的句子。例如，bi dʒiderekūŋge waka "我肯定来（我不是不来）"。显然，这一短句里使用了包含否定意义的动词 dʒiderekūŋge "不来" 及否定语 waka "不是"，从而构成否定加否定的 "不是不来" 之意，由此表达了 "肯定来" 的肯定式句子观念。

思考题

　　一、满语肯定式句子的结构特征是什么？

　　二、满语否定式句子的结构特征是什么？

　　三、满语肯定式句子和否定式句子的区别特征是什么？

第十九课
句子的疑问式结构类型

　　满语句子结构类型中的疑问句，也叫句子的疑问式结构类型，主要表达人们在语言交流时对某人或某事物生产的疑问、发出的询问或向他人提出问题等。满语中疑问句的结构类型比较复杂，包括由疑问语气词构成的疑问句，还有运用疑问代词和谓语的肯定式或否定式形成的疑问句。同时，也有充分利用句中使用的特定形态变化语法词缀构成的疑问句等等。

一　疑问语气词疑问句

　　疑问语气词疑问句指的是，说话人直接提出疑问或问题，希望对方直接给予回答的句子。此类疑问句末尾一般使用 nio "吗"、ni "呢""吗" 等疑问语气词。例如：

si	mini	naktʃui	omolo	nio
你	我	舅舅	孙子	吗

你是我舅舅的孙子吗？

age　sinde　ainu　morin　akū　ni
哥哥　你　为何　马　　没有　呢
哥哥你为什么没有马呢？

ini　tehere　boo　umesi　goro　nio
他　住的　房子　非常　远　吗
他住的房子非常远吗？

上述三个例句的句子末尾都使用了疑问语气词 nio "吗" 和 ni "呢"，以此提出对 omolo "孙子"、morin "马" 和 boo "房子" 产生的疑问。

二　疑问代词疑问句

由疑问代词构成的疑问句中，疑问代词可以使用于句子末尾或句子中间位置。例如：

sini　tatʃikūi　sefu　we
你　学校的　老师　谁
你学校老师是谁？

ere　aniya　dʒakai　hūda　andaka
这　年　物　价　怎样
今年物价怎样？

non　aide　urgundʒerakū　oho
妹妹　怎么　高兴　不　　成了
妹妹为什么不高兴了？

上述第一句和第二句末尾分别使用的疑问代词 we"谁"和 andaka
"怎样"，以及第三句句中使用的疑问代词 aide "怎么"等，对这些
疑问句的构成起到了决定性作用。相比之下，在疑问句里，疑问代词
使用于句子末尾的实例较多。

三　谓语疑问句

满语中谓语疑问句，主要指句子末尾或结束部分使用由形动词及
接缀否定概念的形态变化语法词缀 -kū 的动词共同构成的疑问词组
的句子。例如：

si　kemuni　mini　nonbe　gidaʃame　gidaʃarakū　oho
你　还　　我　妹妹　欺负　　欺负不　　　是
你还欺负不欺负我妹妹？

tese　sini　baitabe　sara　sarkū
他们　你　事　　知道　知道不
他们知道不知道你的事？

以上第一句结束部分出现疑问词组 gidaʃame gidaʃarakū "欺负不
欺负"，第二句末尾使用疑问词组 sara sarkū "知道不知道"，由此构
成这两个谓语疑问句。

四　由形态变化语法词缀 -o、-kūn、-yūn 等
构成的疑问句

满语疑问句中，也有不少在名词类词或动词类词后面接缀形态变化语法词缀 -o、-kūn、-yūn 而构成的疑问句。而且，这些词缀基本上出现于句子末尾。例如：

sini　beye　elhe-**o**
你　　身体　安康吗
你身体安康吗？

tere　uthai　hotonde　genere　niyalma-**o**
他　　就　　城　　　去的　　人　　吗
他就是去城里的人吗？

deode　kemuni　gūwa　baita　bi-**o**
弟弟　　还　　别的　　事　　有吗
弟弟还有别的事吗？

ubede　gaʃani　niyalma　a-**kūn**
这里　　村　　　人　　　有没
这里没有村里的人吗？

sini　ama　emei　beye　sai-yūn
你　父　母　身体　好　吗
你父母的身体好吗？

age　deo　meni　boode　genehe-kūn
兄　弟　我们　家　去　没吗
兄弟没去过我们家吗？

显然，在这六个句子末尾使用了接缀形态变化语法词缀 -o、-kūn、-yūn 的形容词 elheo（elhe-o）"安康吗"、名词 niyalmao（niyalma-o）"人吗"、动词 bio（bi-o）"有吗"、动词 akūn（a-kūn）"没有吗"、形容词 saiyūn（sai-yūn）"好吗"、动词 genehekūn（genehe-kūn）"没去过吗"等。

五　反问式的疑问句

满语里还有以反问式构成的疑问句，可以简称为反问疑问句。说话者为了强化语气，更鲜明地强调自己的疑问，于是使用反问语气。这使要提出的疑问概念，在句中表现得更加鲜明而强烈。例如：

ere　alinde　ainaha　niohe　bini
这　山　什么　狼　有吗
这个山上有什么狼吗？

ᠳᡝᡵᡝ ᠪᠣᠣᡩᡝ ᠠᡳᠨᠠᡥᠠ ᠨᡳᠶᠠᠯᠮᠠ ᠪᡳᠨᡳ

tere	boode	ainaha	niyalma	bini
那	房间	什么	人	有吗

那个房间里有什么人吗？

上述两个句子用"狼在山上"与"人在房间里"之反问语气，表现出说话人对"狼在山上"与"人在房间里"的强烈反感。而且，句子末尾的动词 bini（bi-ni）还接缀源自疑问语气词 ni 的形态变化语法词缀 -ni，由此构成具有否定语气的反问式疑问句。与此相关，满语中还有包含肯定语气的反问疑问句。例如：

ᠠᡳᠨᠠᡥᠠ ᡠᡵᡤᡠᠨᡕᡝᡵᠠᡣᡡ ᠣᠮᡝ ᠮᡠᡨᡝᠮᠪᡳ

ainaha	urgundʒerakū	ome	mutembi
为何	高兴 不	是	能

怎么能不高兴呢？

ᠪᡳ ᠠᡳᠨᠠᡥᠠ ᡤᡝᠨᡝᡴᡡ ᠣᠮᡝ ᠮᡠᡨᡝᠮᠪᡳ

bi	ainaha	genekū	ome	mutembi
我	为何	去 不	是	能

我怎么能不去呢？

上面这两个例句充分利用肯定语气的反问式说法，构成具有肯定内涵和语气的反问式疑问句，从而表示"能不高兴吗？！""能不去吗？！"等具有肯定语气的反问式疑问概念。据相关资料，在早期满语里反问式疑问句有一定出现率。

思考题

一、满语疑问句有什么结构类型？

二、满语疑问句的基本特征是什么？

三、什么叫反问形式的疑问句？

四、谓语疑问句有何结构性特征？

第二十课
句子的祈使式和感叹式结构类型

　　祈使句是满语中不可缺少的句子结构类型之一，往往用于表达对某人或某一事物的命令、劝告、请求、期望、警告、禁止等。满语中最常见的祈使式句子主要表达命令，因此又称命令式句子。与此同时，把具有请求、劝告、期望概念和语气的祈使式句子称为祈求句。此外，还将表示禁止和警告内涵和语气的祈使式句子称作禁止句。然而，人们习惯于将命令句、祈求句、禁止句统称为祈使式句子。满语的祈使式句子末尾出现的谓语或者说句子结束语，一般都由动词类词构成，而且用动词词根或词干充当祈使式句子谓语的现象也较多。很有意思的是，也有的祈使式句子用句子末尾的感叹号表示其祈使意义的现象。下面将满语句子的祈使式结构类型分为命令式祈使句、禁止式祈使句、祈愿式祈使句三种进行分别讨论。然后，我们还要分析满语句子的感叹式结构类型。

一　命令式祈使句

　　满语中的命令式祈使句主要由句子末尾使用的谓语来定。命令式祈使句谓语一般由动词构成，充当命令式祈使句的动词谓语，往往以词根或词干形式出现。不过，也有名词类词构成命令式祈使句的实例。例如：

ᠰᡳ　ᡠᡨᡥᠠᡳ　ᡝᡵᡝ　ᡳᠰᡝᡩᡝ　ᡨᡝ

si　uthai　ere　isede　**te**

你　就　这　椅子　坐

你就坐这把椅子！

ᡨᠠᡨᡧᡳᡴᡡ　ᠰᠠᠪᡳ　ᡩᠣᡵᠣ　ᡝᡵᡩᡝᠮᡠᡳ　ᡨᠠᡨᡧᡳᠪᡠᡥᠠᠩᡝᠪᡝ　ᡠᡵᡠᠨᠠᡴᡡ

tatʃikū　ʃabi　doro　erdemui　tatʃibuhaŋgebe　urunakū

学校　学生　道　德　教育　一定

ᡨᡧᡳᡵᠠᠯᠠ

tʃirala

强化

学校一定要强化学生的道德教育！

ᡝᡵᡝ　ᠨᡳᠶᠠᠯᠮᠠ　ᡯᡠᠯᡝᡵᡤᡳᡩᡝ　ᠶᠠᠪᡠᡴᡳᠨᡳ

ere　niyalma　dʒulergide　**yabukini**（直接命令词根，-kini）

这　人　前面　走

让这人在前面走！

上面的第一句和第二句句子末尾使用的 te 和 tʃirala 是由动词词根或词干构成的句子命令式谓语。然而，第三句的动词谓语却以接缀命令式形态变化语法词缀 -kini 表示了命令概念。相比之下，用动词词根或词干充当命令式祈使句谓语的实例，具有很鲜明的命令态度和语气，而接缀形态变化语法词缀 -kini 的动词命令句的态度和语气相对弱一些。

二　禁止式祈使句

满语有表达禁止概念的禁止式祈使句。该祈使句主要禁止他人或事物的某一动作行为，表达"不行""不准""不要""别"等禁止态度和语气。满语禁止式祈使句是，在句子末尾的动词前使用否定副词 ume "别" "不许" "不要" 的结构类型来构成。例如：

si　ere　morinbe　morilame　**ume**　yabure
你　这　马　　骑　　　　不许　走

你不许骑这匹马走！

non　ere　baitabe　**ume**　dʒondoro
妹妹　这　事　　　不要　常提

妹妹不要常提此事！

sedʒen　dolo　dambagu　**ume**　tatara
车　　里　烟　　　别　抽

在车里别抽烟！

上面的例句里，否定副词 ume "别" "不许" "不要" 出现于接缀现在将来时形态变化语法词缀 -re、-ro、-ra 的句子末尾动词 yabure "走"、dʒondoro "常提"、tatara "抽" 等前面，从而表示 "不许走" "不要常提" "别抽" 等祈使句的禁止概念。

三　祈愿式祈使句

满语里，祈愿式祈使句有一定使用率。祈愿式祈使句一般表达人们对某人或某一事物的祈求、祈请、希望、祝愿等。满语祈愿式祈使句末尾动词词根或词干，一般都要接缀形态变化语法词缀 -ki。同时，还要在充当句子谓语的动词前使用助动词 sembi "想"。例如：

mini　age　emu　taŋgū　honinbe　udaki　**sembi**
我　　哥哥　一　　百　　　羊　　　购买　　想
我哥哥期望购买一百只羊。

bi　amba　tatʃikūde　geneki　**sembi**
我　大　　学　　　　去　　　想
我希望上大学。

　　这两个句子结束部分出现的接缀形态变化语法词缀 -ki 的动词 udaki（uda-ki）"购买"及 geneki（gene-ki）"去"，与后面的助动词 sembi "想"密切结合，从而表达了祈愿式祈使句的"期望""希望"等概念。此外，满语中还有在动词词根或词干后面接缀形态变化语法词缀 -ki 或 -rao、-reo、-roo 而构成具有请求、祈求或恳请语气的祈愿式祈使句之现象。例如：

ama　si　dergide　tekude　te-**ki**
爷爷　您　上面的　座位　坐请
爷爷请求您上座。

si　labdukani　waliyame　gama-**rao**
你　多些　　免除　　　惩罚
恳请您多多包涵！

ᠮᠢᠨᠢ *ᡝᡵᡝ* *ᠪᠠᡳᡨᠠᠪᡝ* *ᡠᡵᡠᠨᠠᡴᡡ* *ᡤᡝᡵᡝᠨᡩᡝ* *ᡠᠯᠠᠮᡝ* *ᡤᡳᠰᡠᡵᡝ*

mini   ere   baitabe   urunakū   gerende   ulame   gisure-**reo**
我   这   事   务必   大家   传告   说

请务必将我的这件事传告给大家！

　　表达请求、祈求或恳请语气的这三个句子中，第一句末尾使用了接缀形态变化语法词缀 -ki 的 teki "请求坐" 这一动词。在第二句和第三句里，遵循满语元音和谐规律，先后在动词词根或词干 gama- "惩罚" 及 gisure- "说" 后面接缀形态变化语法词缀 -rao 和 -reo，从而形成 gamarao（gama-rao）与 gisurereo（gisure-reo）两个包含 "恳请" "请求" 概念的动词，并同前置动词紧密结合构成祈愿式祈使句。此外，满语中还有表达强烈期盼、祈愿和祝愿语气的祈愿式祈使句。而且，这一结构类型的句子动词一般都接缀形态变化语法词缀 -kini，或在其后面使用助动词 sembi 的形式来表现。例如：

bei   ʃabise   gemu   saikani   tatʃi-**kini**
我们   学生们   都   好好   学习

祝愿我们的学生们都好好学习！

gutʃuse   itʃe   aniya   sain   elke   o-**kini**
朋友们   新   年   好   平安   成

祝朋友们新年好！

bi   simbe   bei   boode   dʒi-**kini**   sembi
我   你   我们   家   来   想

我祈盼您来我们家。

上述第一句和第二句内，用于句子末尾的动词词根 tatʃi-"学"和 o-"成为"接缀形态变化语法词缀 -kini 而构成 tatʃikini（tatʃi-kini）"祝愿学习"、okini（o-kini）"祝平安"等包含强烈期盼、祈愿和祝愿语气的祈愿式祈使句。在第三句中，位于句子末尾的助动词同接缀形态变化语法词缀 -kini 的动词 dʒikini（dʒi-kini）"来"相结合，表达了"期盼来"的美好愿望，从而构成表达强烈期盼、祈愿和祝愿语气的祈愿式祈使句。还应指出的是，满语中还有在句子末尾接缀形态变化语法词缀 -tʃina 之动词，构成富有希望和祝愿语气的祈愿式祈使句实例。例如，suwe kemuni dʒitʃine"期望你们常来"。该短句里，形态变化语法词缀 -tʃina 接缀于句子末尾的动词词根 dʒi-"来"后面，派生出具有祈愿意义的句子谓语dʒitʃine （dʒi-tʃine）"期盼来"，从而构成祈愿式祈使句。

四　句子的感叹式结构类型

下面我们分析句子的感叹式结构类型。满语句子结构类型中的感叹句，同样是表达人们喜怒哀乐等极其复杂的内心世界和感情。满语感叹句的主要成分，往往以独立性结构形式出现于句首或句尾。感叹式结构类型的句子里，主要构成成分是感叹词、语气词或相关助词等。例如：

a ere tatʃikūi boo absi saikan
啊 这 学校 房子 多么 漂亮
啊！该学校的房子多么漂亮！

aya eneŋgii abkai sukdun umesi sain
啊呀 天 气 非常 好 今天
啊呀！今天的天气非常好！

ara　tere　niyalma　uthai　bei　baturu　inu　tere
哎呦　那　人　　　就是　我们的　英雄　是　吧
哎呦！那人就是我们的英雄吧？！

以上三个感叹式句子的句首均以独立式结构类型分别使用了感叹词 a "啊"、aya "啊呀"、ara "哎呦" 等。此外，这三个感叹式句子表达的都是具有强烈喜乐情感的感叹。与此相反，还有用表达哀怒和不满情感的感叹词构成的感叹式句子。例如：

pei　tere　niyalma　otʃi　emu　derakū　dʒaka
呸　那　人　　　是　一　无耻的　家伙
呸！那人是一个无耻的家伙！

hai　eneŋgi　edun　dahaŋge　umesi　amba
咳　今天　风　刮　　　非常　大
咳！今天刮起了非常大的风！

除此之外，满语感叹式句子里还有一些在句子末尾以独立式结构使用的感叹词。例如：

ini　age　baturu　tʃolo　bahaha　abka
他　哥哥　英雄　称号　获得了　天哪
他哥哥获得了英雄称号！天啊！

tere	otʃi	emu	ehe	dʒaka	pei
那	是	一	坏	家伙	呸

那是一个坏家伙！呸！

根据现已掌握的资料，满语感叹式句子的感叹词大多以独立式结构类型使用于句子前头，而用独立式结构类型出现于句子末尾的实例不是太多。此外，感叹词还以非独立式结构类型用于句子末尾的情况。例如，abkai fedʒergi umesi amba kai "天下非常大啊！"，该感叹句中，感叹词 kai "啊" 就使用于句子末尾。不过，这种将感叹词以非分离式结构类型用于句子末尾的实例不多。

思考题

一、满语的祈使式句子该如何定义？

二、满语中的祈使式句子如何分类？分类依据是什么？

三、满语祈使式句子在结构类型上有何区别性特征？

四、满语中的感叹式句子有何结构性特征？

第二十一课
简单句和复杂句

　　满语里除了前面分析的肯定式、否定式、疑问式、祈使式和感叹式等结构类型的句子之外，还有简单式与复杂式结构类型的句子，这两种句子就叫简单句和复杂句。顾名词义，简单句指的是句子结构形式简单、句子成分比较少的句子，而复杂句指的是句子成分及其句子结构比较复杂，甚至有两个或两个以上分句的句子。

一　简单句

　　满语简单句一般是由一个主语和一个谓语构成的独立式句子，甚至有由单独的一个词，或者一个主语或谓语等句子成分构成的简单句。当然，满语里同样有由主谓宾或几个句子成分组成的简单句。总之，简单句中主语和谓语是构成句子的核心成分，简单句往往被人们称其为主谓结构类型的句子。例如：

nimaraha
雪下了
下雪了。

bi　　genembi
我　　去

我去。

deo　　tatʃikūde　　genehe
弟弟　　学校　　　　去了

弟弟去了学校。

bi　　tatʃikūde　　bithe　　hūlambi
我　　学校　　　　书　　　读

我在学校读书。

mini　　non　　tatʃikūde　　bithe　　hūlaha
我　　　妹妹　　学校　　　　书　　　读了

我妹妹在学校读了书。

eyun　　beyei　　dʒuibe　　hūdun　　boode　　dosika
姐姐　　自己　　儿子　　　迅速　　屋子　　进

姐姐把自己的儿子迅速抱进了屋里。

　　以上六个简单句中，第一句由单独的谓语 nimaraha "雪下了" 构
成；第二句由主语 bi "我" 和谓语 genembi "去" 构成；第三句是以
主语 deo "弟弟"、宾语 tatʃikūde "学校"、谓语 genehe "去了" 构成；
第四句由句子成分主语 bi、状语 tatʃikūde、宾语 bithe、谓语 hūlambi

构成；第五句由定语 mini "我的"、主语 bi "我"、状语 tatʃikūde "在学校"、宾语 bithe "书"、谓语 hūlambi "读了"构成；第六句是由主语 ʃi "你"、定语 beyei "自己的"、宾语 dʒuibe "把儿子"、状语 hūdun "迅速地"、补语 boode "屋子里"、谓语 dosika "进了"构成。不过，满语简单句也有用一个主语构成的实例。例如，eneŋgi we genehe？"今天谁去了？"的回答是 eniye "妈妈"这一主语简单句。也就是说，该句的回答应该是 eniye genehe "妈妈去了"，但在省略句子谓语的前提下，却成为由主语回答的简单句。此外，还有 mini deo "我的弟弟"、tatʃikūde bimbi "在学校"、adʒigederi sambi "从小知道"等由宾语和谓语、状语与谓语、补语及谓语等构成的简单句。满语里简单句有一定出现率。

二　复杂句

　　满语复杂句由两个或两个以上简单句组合而成。满语中，复杂句有相当高的使用率，特别是在清代各种历史档案及文献资料中复杂句使用得很多。这或许同当时的社会制度有关，人们在上下级或相互间的沟通交流及书信往来中，习惯于使用模糊而婉转的语言文字，而不用直接而简单明了的语言文字。满语的复杂句同样分为并列复杂句和主从复杂句两大类。

tere	niyalma	mintʃi	den	bi	tere	niyalma	deri	faŋkala
那	人	我比	高	我	那	人	比	矮

那个人比我高，我比那个人矮。

si	emu	tob	seme	niyalma	ofi	bi	teni	uttu
你	一	正经	样子	我	是我	才	如	此

tafulara　dabala
劝说　　罢了

因为你是一个正经人，所以我这样劝说罢了。

inengidari　uttu　bithe　hūlarade　yargiyan　sain　sarasu
每天　　　这样　书　　读　　　真的　　好的　知识

tatʃime　bahambi
学　　　得到

每天这样读书的话，真的能够学到好知识。

meni　tatʃihaŋge　inengi　umesi　tʃiŋgiya　uttu　bime
我们　学习　　　日子　　很　　短　　　这样　也罢

sefui　tatʃiburengge　sain
老师　教得　　　　好

虽然我们学习的日子很短，但是老师教得好。

si　enengi　genere　aŋgala　tʃimaha　generede　isirakū
你　今天　去　　与其　　明天　　去　　　至不

你与其今天去，倒不如明天去。

sini　gisurehengge　atʃanara　otʃi　be　uthai　dondʒimbi
你　说的　　　　正确　　是　我们　就　听

be	uthai	halambi	teretʃi	amala	be	uthai
我们	就	改正	那	后	我们	就

sini	gisurehebe	soŋkoi	itʃihiyambi
你	说的	按照	做

你说正确的话，我们就听你的，我们要改正，而后我们就会按你说的去做。

sefu	bede	gisurehe	sarasube	saikani	tatʃibutʃi
老师	我们	说	知识	好好	学习

uthai	sain	ʃabi	teretʃi	amala	ʃabinar
就是	好	学生	那	以后	学生们

ele	nememe	hūsutuleme	tatʃimbi
更	加	努力	学习

老师对我们说："好好学习就是好学生"，从那以后学生们更加努力学习。

这七个复杂句中，除了第一句是具有并列关系的复杂句，其他六个句子都属于相当复杂的复杂句。这六个复杂句都有其各自的特点和结构关系。具体讲，第一个复杂句的两个分句表述的内容属于并列关系。第二句到第七句的六个句子都属于主从式复杂句。然而，它们在概念的表述形式及语句结构等方面表现出不同特征和区别性关系。例如，第二句应该是因果式结构关系的主从复杂句，第三句的两个分句是条件式结构关系的主从复杂句，第四句显然是在转折式结构关系中由两个分句形成的主从复杂句，第五句的两个分句是以取舍式结构关系构成的主从复杂句，第六句是由多重式分句组合而成的极其复杂的

主从复杂句，第七句属于有插入语的主从复合句。这就是说，满语的
复杂句中，主从式结构类型占多数。

思考题

一、满语的简单句有何结构性特征？

二、满语复杂句的结构特征是什么？

三、满语简单句和复杂句的区别关系是什么？

四、如何分析满语复杂句中的主从式结构类型？

主要参考文献

爱新觉罗·乌拉熙春：《满语读本》，内蒙古人民出版社 1985 年版。

爱新觉罗·乌拉熙春：《满语语法》，内蒙古人民出版社 1983 年版。

爱新觉罗·瀛生：《满语杂识》，学苑出版社 2004 年版。

爱新觉罗·瀛生：《速成自学满语基础讲义》，民族出版社 1988 年版。

安双成：《满汉大词典》，辽宁民族出版社 1993 年版。

常瀛生：《北京土话中的满语》，北京燕山出版社 1993 年版。

朝克：《满通古斯语族语言词汇比较》，中国社会科学出版社 2014 年版。

朝克：《满通古斯语族语言词源研究》，中国社会科学出版社 2014 年版。

朝克：《满通古斯语族语言研究史论》，中国社会科学出版社 2014 年版。

朝克：《满语 366 句会话句》，社会科学文献出版社 2014 年版。

朝克：《满-通古斯诸语比较研究》，民族出版社 1997 年版。

戴光宇：《三家子满语语音研究》，北京大学出版社 2012 年版。

恩和巴图：《满语口语研究》，内蒙古大学出版社 1995 年版。

高娃：《满语蒙古语比较研究》，中央民族大学出版社 2005 年版。

顾松洁：《满文文献选读》，商务印书馆 2023 年版。

郭孟秀：《满文文献概论》，民族出版社 2004 年版。

何荣伟：《满语 365 句》，辽宁民族出版社 2009 年版。

胡增益：《新满汉大词典》，新疆人民出版社 1994 年版。

黄锡惠：《满族语言文字研究》，民族出版社 2008 年版。

季永海：《满语语法》（修订本），中央民族大学出版社 2011 年版。

季永海、刘景宪等：《满语语法》，民族出版社 1986 年版。

季永海、刘景宪译：《崇德三年满文档案译编》，辽沈书社 1988 年版。

江桥：《康熙〈御制清文鉴〉研究》，北京燕山出版社 2001 年版。

江桥：《清代满蒙汉文词语音义对照手册》，中华书局 2009 年版。

金启孮：《满族的历史与生活：三家子屯调查报告》，黑龙江人民出版社 1981 年版。

李鹏年等编著：《清代六部成语词典》，天津人民出版社 1990 年版。

刘厚生等：《简明满汉辞典》，河南大学出版社 1988 年版。

刘景宪、赵阿平等：《满语研究通论》，黑龙江朝鲜民族出版社 1997 年版。

《满文讲义》，北京满文书院 1996 年版。

《满语入门（锡伯文）》，新疆人民出版社 1989 年版。

清代宫文研究会编：《清代宫史探微》，紫禁城出版社 1991 年版。

屈六生：《满文教材》，新疆人民出版社 1991 年版。

商鸿逵等编著：《清史满语辞典》，上海古籍出版社 1990 年版。

孙文良：《满族大辞典》，辽宁大学出版社 1990 年版。

佟永功：《功在史册：满语满文及文献》，辽海出版社 1997 年版。

王敌非：《俄罗斯满文珍稀文献释录》，商务印书馆 2024 年版。

王敌非：《欧洲满文文献总目提要》，中华书局 2021 年版。

王庆丰：《满语研究》，民族出版社 2005 年版。

《无圈点字书》，天津古籍出版社 1987 年版。

吴雪娟：《满文翻译研究》，民族出版社 2006 年版。

吴雪娟编：《满文文献研究》，民族出版社 2006 年版。

新疆维吾尔自治区古籍整理办公室整理：《旧清语辞典（满文）》，新疆人民出版社 1987 年版。

新疆锡伯语言学会编：《单清语词典（满汉对照）》，新疆人民出版社 1993 年版。

永志坚：《满汉合璧六部成语》，新疆人民出版社 2006 年版。

赵阿平：《满族语言与历史文化》，民族出版社 2008 年版。

赵阿平、朝克：《黑龙江现代满语研究》，黑龙江教育出版社 2001 年版。

赵杰：《北京话的满语底层和"轻音儿化"探源》，北京燕山出版社 1996 年版。

赵杰：《满族话与北京话》，辽宁民族出版社 1996 年版。

赵杰：《现代满语研究》，民族出版社 1989 年版。

赵杰：《现代满语与汉语》，辽宁民族出版社 1993 年版。

赵志强：《〈旧清语〉研究》，北京燕山出版社 2002 年版。

中国第一历史档案馆编：《满文教材》，新疆人民出版社 1991 年版。

中国第一历史档案馆编：《清初内国史院满文档案译编》（下），光明日报出版社 1989 年版。

中国第一历史档案馆编：《清代边疆满文档案目录》，广西师范大学出版社 1999 年版。

庄吉发：《满汉异域录校注》，文史哲出版社 1993 年版。

庄吉发：《清语老乞大》，文史哲出版社 1977 年版。

［日］小仓进平编：《满文老档》，藤冈胜二译，东京：岩波书店 1939 年版。

［日］今西春秋译：《满和蒙和对译满洲实录》，东京：刀水书房 1992 年版。

［日］池上二郎：《通古斯满洲诸语资料译解》，札幌：北海道大学图书刊行会 2002 年版。

［日］河内良弘编译：《五体清文鉴译解·汉字索引》，京都：京都大学内陆亚洲研究所 1968 年版。

［日］河内良弘：《满洲语文语文典》，京都：京都大学学术出版会 1996 年版。

［日］早田辉洋、寺村政男编：《大清全书》，东京：东京外国语大学亚洲非洲言语文化研究所 2004 年版。

［日］中岛干起：《满洲语的语言学及文献学研究》，东京：东京外国语大学亚非所 1993 年版。

［日］中岛干起：《清代中国语满洲语辞典》，东京：不二出版 1999 年版。

［日］羽田亨编：《满和辞典》，京都：京都帝国大学满蒙调查会 1937

年版。

［日］鸳渊一、户田茂喜译：《满文老档邦文译稿》，《史学研究》第 9 卷第 1 号，1937 年。

［日］津曲敏郎：《满洲语入门 20 讲》，东京：大学书林 2001 年版。

后　　记

　　21 世纪初，中国社会科学院研究生院拟启动编写各种语言文字教材的重大工程。其中，就包括编写各种民族语言文字教材的出版计划，当时我接受了满语文教材的编写工作。然而，教材还没有正式开始编写，因为项目经费等问题搁浅了。尽管如此，我一直以来没有放弃编写该教材的心愿。而且，我在国内外给研究生教授满语文时，通过教学实践收集整理和总结了不少满语文教学经验，也接受过许多国内外同行专家学者和同事及学生们提出的宝贵意见。但我始终下不了决心写一本较全面系统的满语文教材，原因是满语口语已经成为严重濒危语言，满语书面语使用者除了研究满文历史文献及档案资料的专家学者，以及从事满语文研究和教学的极少数科研人员及教员之外，已为数不多，懂满文的人也变得越来越少。以上所述，很大程度上直接影响了编写满语教材的积极性。更为重要的是，清代从事满语文研究的学者的语言学理论知识的不扎实，特别是对于满语错综复杂的形态变化语法现象的深度把握和理论分析不到位，再加上受其他语言文字越来越严重的直接或间接影响，满语不断丢失自身丰富的形态变化语法现象，甚至出现不规范使用等现象。所有这些，很大程度上干扰着清代满语满文的使用及其教材的编印工作。例如，名词类词的人称形态变化语法现象，以及动词类词的体形态变化语法现象等，能够从清代有关文献资料中看得出来，在当时使用得很不系统、很不规范，甚至是以零星化或碎片化形式存在。遗憾的是，似乎至今没有看到系统性的关于满语名词类词人称形态变化语法现象和动词类词体形态变化语法现象的研究成果，包括后来出版的满语教材也都忽略了这些形态变化语法现象。因为，我们还没有系统收集整理相关资料，还处在从清代留下的庞大历史文献及档案资料中收集整理和分析研究过程中。所以，本教材同样没有涉及清代满语名词类词人称形态变化语法现象，以及动词类词体形态变化语法现象的讨论。

总之，在满语教材的编写和满语研究方面还有不少工作要做。值得欣慰的是，我国政府近年来十分重视濒危语言文化及冷门"绝学"的抢救保护和扶持工作。中国社会科学院大学还成立了以我国古文字及其文献资料抢救保护工作为中心的冷门绝学协同创新研究院这一高端研究机构，并拿出专项经费出版相关科研成果。我们这本满语教材有幸纳入中国社会科学院大学冷门绝学系列成果首批出版计划。在此对中国社会科学院各位领导、中国社会科学院大学领导表示衷心感谢！还要感谢在国内外教授满语文时给我提出过许多宝贵意见的专家学者！最后，感谢为这本书的出版付出辛勤劳动的中国社会科学出版社领导及编辑校对工作人员！

每一项科研工作和每一部研究著作都会留下一些不足和遗憾，这部教材中肯定也存在诸多不足之处，真诚地希望大家提出宝贵批评意见。

朝 克

2024 年 10 月